국내외 한국어 교사를 위한
길라잡이

한국어 교육 현장에 필요한 이론과 실전 수록

한국어 교육개론

이은경 지음

Introduction to
Korean Language Education

머리말

"한국어 수업을 하기 위해서 나는 무엇을 준비해야 할까?"
"내가 가르칠 학습자들은 어떤 사람들이고 그들이 필요로 하는 건 무엇일까?"
"수업 자료는 어떻게 찾고 수업 구성은 어떻게 하지?"

이 책은 저의 초보 한국어 교사 시절의 고민들을 떠올리며 썼습니다.

첫 수업에서 '-습니다', '-으십니다'의 차이를 묻는 학생에게 만족스런 답을 해 주지 못한 채 집에 와서 이불을 뒤집어 쓰고 자책했던 일,
학생들에게 '-어서', '-니까', '-는데'의 차이를 설명하기 위해 도서관에서 논문을 찾아보며 노트에 빼곡하게 정리했던 일,
선배 강사의 수업 대강을 갑자기 맡게 되어 '신뢰'와 '신임'과 '신용'의 차이를 묻는 학생에게 당황하는 표정을 들키지 않으려고 재빨리 뒤돌아 칠판에 이 단어들을 쓰며 챗 GPT의 속도로 예문을 떠올려 상황을 모면했던 일,
수업 자료를 찾기 위해 영화관, 지하철 역, 슈퍼마켓을 헤매고 다녔던 일...

이 모든 기억들이 제 머릿속에 남아 있는 초보 한국어 교사 이은경의 모습입니다.

요즘은 교재에서부터 교사용 지도서까지 초보 교사가 도움을 받을 수 있는 자료들도 많아졌고, 수업 자료로 활용할 수 있는 이미지와 영상도 넘쳐나지요. 그럼에도 불구하고 처음 한국어를 가르치는 교사들의 마음은 예나 지금이나 크게 다르지 않을 거라 생각합니다.

이 책은 후배 한국어 교사를 안내하는 선배의 마음으로 기록했습니다. 한국어 교육이 무엇인가에 대한 큰 틀을 보게 함과 동시에, 각 영역별로 어떻게 지도해야 하는가를 단계적으로 설명하고자 했습니다. 그리고 지면 관계상 담지 못하는 내용은 참고 자료나 사이트를 소개하여 독자 스스로가 심화 학습을 할 수 있게 하였습니다. 또한 학습 목표와 확인 문제 및 생각해 볼 내용 등을 포함하여 대학 기관이나 한국어교원 양성기관의 교재로 활용할 수 있도록 구성하였습니다.

아무쪼록 이 책이 한국어 교육이라는 미지의 세계로 들어온 한국어 예비 교원들에게 길을 안내하는 지도의 역할을 할 수 있기를 바랍니다. 이를 기반으로 하여 각자의 공부와 경험을 차곡차곡 쌓아 자신만의 한국어 교육 스토리를 만들어 나가시기를 기대합니다.

특별히 이 책의 편집자이자 1호 독자로서 출판의 모든 과정을 흔쾌히 맡아주신 함께걷는사람들의 김용민 대표님께 감사드립니다. 대표님의 정성 어린 손길로 거친 원고의 구석구석이 아름답게 메워졌기에 특별한 감사를 전합니다.

끝으로 이 책을 읽는 모두가 각자의 자리에서 멋진 한국어 교사로 성장하시기를 진심으로 응원합니다.

2024년 9월
세종사이버대학교 무방관 연구실에서
저자 **이은경**

Contents

Chapter	**01**	한국어 교육 개관	07
Chapter	**02**	한국어 교사와 학습자의 이해	17
Chapter	**03**	한글 자모 교육 방법	33
Chapter	**04**	한국어 발음 교육 방법	51
Chapter	**05**	한국어 어휘 교육 방법	73
Chapter	**06**	한국어 문법 교육 방법	93

Chapter	07	한국어 말하기 교육 방법	115
Chapter	08	한국어 쓰기 교육 방법	139
Chapter	09	한국어 듣기 교육 방법	167
Chapter	10	한국어 읽기 교육 방법	193
Chapter	11	한국 문화 교육 방법	217
Chapter	12	한국어 평가 방법	243
Chapter	13	한국어 교육의 역사와 정책	279

1. 한국어 교육 개관

학습목표

1. 한국어 교육의 개념을 설명할 수 있다.
2. 한국어 교육의 구성 요소를 나열할 수 있다.
3. 한국어 교육의 핵심 내용을 기술할 수 있다.

 생각해보기

1. 한국어 교육과 국어 교육의 차이점은 무엇일까요?
2. 한국어를 가르치기 위해서 무엇을 알아야 할까요?

1 한국어 교육 개관

1 한국어 교육의 개념

- 한국어 교육은 한국어를 모어(母語)로 하지 않는 사람에게 한국어를 가르치는 것을 뜻한다. 이것은 한국어를 모어로 하는 사람에게 국어를 가르치는 국어 교육과는 구별되는 개념이다.
- 한국어 교육과 국어 교육은 교육 대상과 교육 목표가 다르고 이에 따라 교육 내용과 방법도 달라지게 된다.
- 한국어 교육의 대상은 한국어를 모어로 하지 않는 외국인, 해외 거주 교포, 한국 국적을 취득한 이주민 등이 해당된다. 한국어 교육의 목표는 한국인과의 원활한 의사소통 능력을 배양하는 것이며 이를 통해 각자가 바라는 목적(학업, 취업, 사업, 취미 활동, 여행, 결혼 등)을 이루는 것이다.
- 이에 반해 국어 교육은 한국어를 모어로 사용하는 사람을 대상으로 하여

자국민들과 일상적인 언어 생활을 원활히 할 수 있는 의사소통 능력을 키우고, 국어를 통해 국민 문화를 창조하고 전승하며, 국어의 개선에 이바지하는 것을 목표로 삼고 있다.

한국어 교육과 국어 교육의 비교

	한국어 교육	국어 교육
교육 대상	한국어를 모어로 사용하지 않는 사람	한국어를 모어로 사용하는 사람
교육 목표	- 한국인과의 원활한 의사소통 능력 배양 - 한국어를 통한 개인의 목적 달성	- 일상적인 언어 생활을 원활히 할 수 있는 의사소통 능력 배양 - 국민 문화의 전승, 창조와 국어 개선에 이바지하는 것(공동체적 목적)

✓ **더 알아보기**

국어 VS 한국어[1]

- 국어: 1. 한 나라의 국민이 쓰는 말.
  2. '한국어'를 우리나라 사람이 이르는 말.

- 한국어: 한국인이 사용하는 언어.
  한반도 전역 및 제주도를 위시한 한반도 주변의 섬에서 쓴다.

2 한국어 교육의 구성 요소

- 한국어 교육은 **한국어 교사**가 **교육 목적**을 고려하여 특정 **교육 환경**에서 **가르칠 내용**을 적합한 **교육 자료**에 담아 적절한 **교육 방법**을 통해 **학습자**에게 전달하는 총체적인 과정을 말한다.

---

[1] 국립국어원 표준국어대사전(http://stdweb2.korean.go.kr) 참조.

- 따라서 한국어 교육을 시작할 때 다음의 요소를 고려해야 한다.

  ① <u>누가</u> 가르치는가?(교수자)

     : 한국인 또는 외국인 한국어 교사

  ② <u>누구에게</u> 가르치는가?(학습자)

     : 외국인, 재외동포, 한국 국적을 가진 이주민 등

  ③ <u>무엇을</u> 가르치는가?(교육 내용)

     : 한국어(한국어 발음, 어휘, 문법, 문화 등)

  ④ <u>어떻게</u> 가르치는가?(교육 방법)

     : 학습자의 수준, 나이, 목적에 맞는 다양한 방법 활용

  ⑤ <u>무엇으로</u> 가르치는가?(교육 자료)

     : 학습자의 수준, 나이, 목적에 맞는 다양한 교재 활용

  ⑥ <u>어디에서</u> 가르치는가?(교육 환경)

     : 교사와 학습자의 상황에 따라 다양한 기관과 교실 환경

  ⑦ <u>왜</u> 가르치는가?(교육 목적)

     : 학습자의 필요 및 학습 동기

한국어 교육의 구성 요소

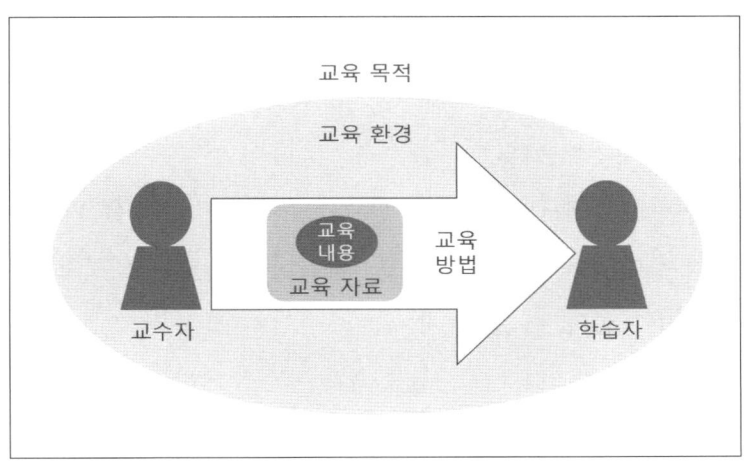

3 한국어 교육의 핵심 내용

(1) 한국어 교사
- 한국어 교사는 한국인이나 외국인 모두 될 수 있다. 그러나 체계적인 교수-학습을 위해서는 한국어 교사로서 필요한 지식과 능력을 갖추어야 한다.
- 한국어 교사의 자격과 취득 방법은 국어기본법에 정해져 있다.

(2) 한국어 학습자
- 한국어 학습자의 학습 목적을 이해해야 한다. 학습 목적에 따라 학습 내용과 방법이 달라지기 때문이다.
- 한국어 학습자의 특성을 이해해야 한다. 학습자의 한국어 학습 정도와 나이, 성격, 외국어 학습 경험, 학습 방식 등은 한국어 수업에 중요한 영향을 끼친다.

(3) 한국어의 내용 및 구조
- 한국어 교육에서는 한국어의 특징과 구조를 가르친다.
- 한국어의 특징을 이해하기 위해서는 한글 자모와 발음 교육이 기본적으로 이루어져야 하며, 어휘와 문법을 익혀 문장을 구성할 수 있도록 해야 한다.

(4) 한국어 의사소통 기능
- 한국어 교육에서는 한국어를 통한 '의사소통' 방법을 가르친다.
- 따라서 한국어로 말하고 듣고, 읽고 쓸 수 있는 의사소통 기능을 가르쳐야 한다.

(5) 한국 문화
- 한국어는 한국인의 생활 습관과 분리해서 생각할 수 없다. 따라서 한국의 문화와 한국 사회를 이해할 수 있도록 돕는 것이 필요하다.

(6) 한국어 평가
- 학습자의 한국어 수준을 판단하여 학습자에 맞는 한국어 수업을 실시하기 위해, 또는 일정 기간 동안 진행한 수업의 성취 여부를 판단하기 위해 평가를 실시해야 한다.

(7) 한국어 교육의 역사와 정책
- 한국어 교사는 한국어 교육의 역사를 알고 현재 진행되고 있는 한국어 교육의 정책을 이해하며 향후 한국어 교육이 나아갈 방향에 대해 나름의 관점을 가져야 한다.

4 한국어 교육의 기본 개념 정리

- 한국어 교육은 한국어를 모어로 하지 않는 학습자들에게 체계적으로 한국어를 가르치는 과정이다. 이를 위해 한국어 교사는 전문적인 지식과 교수 능력을 갖추어야 하며, 학습자의 학습 목적과 특성을 고려한 교육이 필요하다.
- 또한, 한국어 교육은 문법과 어휘, 발음 등 언어 지식뿐만 아니라 의사소통 능력과 한국 문화를 함께 익히는 것이 중요하다. 효과적인 교육을 위해 평가를 실시하고, 한국어 교육의 역사와 정책을 이해하는 것도 필요하다.
- 이러한 요소들은 유기적으로 연결되어 있으며, 이를 종합적으로 고려할 때 비로소 효과적인 한국어 교육이 이루어질 수 있다.

내용 확인하기

1. 한국어 교육은 한국어를 (　　)으로/로 하지 않는 사람에게 (　　)을/를 가르치는 것이다.

2. 한국어 교육은 한국어 교사가 (　　)을/를 고려하여 특정 교육 환경에서 가르칠 내용을 적합한 (　　)에 담아 적절한 (　　)을/를 통해 학습자에게 전달하는 총체적인 과정을 말한다.

> 정답
> 1. 모어, 한국어
> 2. 교육 목적, 교육 자료, 교육 방법

 더 생각해 보기

1. 외국인에게 한국어를 가르칠 때 어떤 점을 가장 신경 써야 할지 생각해 봅시다.
2. 한국어 교육 현장에서 더 고려해야 할 부분은 없는지 생각해 봅시다.

참고문헌

강현화, 이미혜(2020), 한국어교육학개론, 한국방송통신대학교출판문화원.

민현식 외(2021), 한국어교육론 1, 한국문화사.

이윤진, 이은경(2015), 한국어교육입문-교육내용 편, 학지사.

이윤진, 이은경(2015), 한국어교육입문-교육현장 편, 학지사.

이은경, 이윤진(2019), 한국어교육실습, 한국문화사.

2. 한국어 교사와 학습자의 이해

학습목표

1. 한국어 교사의 개념과 자질을 설명할 수 있다.
2. 한국어교원자격증에 대해 설명할 수 있다.
3. 한국어 학습자의 특징과 고려 사항에 대해 말할 수 있다.

 생각해보기

1. 한국어 교사에게 필요한 자질은 무엇일까요?
2. 외국인들이 한국어를 배우는 목적은 무엇일까요?

2 한국어 교사와 학습자의 이해

1 한국어 교사의 이해

1) 한국어 교사란?
- 한국어를 모어(母語)로 하지 않는 외국인, 재외동포를 대상으로 한국어를 가르치는 사람을 말한다.

2) 한국어 교사로서의 자질
- 한국어에 관한 지식(한국어학적 지식, 한국 문학 관련 지식 등)을 갖춰야 한다.
- 언어교수법에 대한 지식(언어습득론, 언어 교수 방법 등)과 한국어 교수 방법(한국어 발음/어휘/문법 교수법 등)에 관한 실무적 지식을 함양해야 한다.
- 한국 사회와 문화에 대한 관심과 이해가 필요하다(한국의 전통 문화

와 현대 문화, 한국 사회와 역사 등).
- 타언어 및 타문화에 대한 관심이 필요하다.
- 타인에 대한 관심과 열린 마음이 필요하다.

3) 한국어 교사의 진로
- 국내외 한국어 및 한국 문화 교육 기관의 한국어 강사
- 사회통합프로그램(KIIP) 운영기관의 한국어 강사
- 국내 외국인 학교/일반 학교의 외국인 대상 한국어 교사
- 한국 및 외국 기업체 근무 외국인 대상 한국어 교사
- 외국인근로자지원센터, (다문화)가족지원센터, 다문화가정의 한국어 및 한국 문화 교육 담당자
- 해외 세종학당, 국외 한국문화원, 한글학교, 한국교육원의 한국어 교사
- 한국국제협력단(KOICA)의 한국어 교육 봉사단
- 일반대학원, 국제지역대학원, 교육대학원으로의 진학

 더 알아보기

한국어 교사 채용 정보 사이트

- 세종학당 국외 파견 한국어 교원 채용 소식
  세종학당재단 누리집(http://www.ksif.or.kr/) ➔ 알림마당 ➔ 채용정보
- 국내 대학교 한국어 강사 채용 공고
  국제한국어교육학회 누리집(http://www.iakle.com/) ➔ 정보교류 ➔ 한국어교육소식
- (다문화)가족지원센터 한국어 강사 채용 정보
  다누리 다문화가족지원포털 누리집(http://www.liveinkorea.kr/) ➔ 센터채용정보
- 한국국제협력단(KOICA) 파견 정보
  한국국제협력단(KOICA) 누리집(http://www.koica.go.kr/) ➔ 국민참여·일자리 ➔ 개발 협력 좋은 일자리
- 국내 초중고등학교 한국어 강사 채용 정보
  각 시도 교육청 홈페이지
- 기타 한국어 강사 관련 채용 정보 받기
  인디드(indeed) 취업 검색 ➔ 검색어(한국어 교사, 한국어 강사 등) 및 지역 입력 후 이메일 등록 시 취업 정보 받기 가능

2 한국어교원자격증의 이해

1) 한국어교원자격증이란?[2]

- 한국어교원(국어를 모어(母語)로 사용하지 않는 외국인, 재외동포를 대상으로 한국어를 가르치는 자)이 되고자 하는 자가 국어기본법령에서 정하고 있는 소정의 요건을 갖춘 경우 국가가 부여하는 자격증이다.
- 한국어교원자격증은 문화체육관광부에서 발급하며, 국어를 모어로 사용하는 내국인을 대상으로 국어를 가르치는 '초등학교 및 중·고등학교 (국어) 정교사 자격증(교육부 발급)'과는 다른 자격증이다.
- 2005년 이전에는 한국어 교사의 자격이 법적으로 정해져 있지 않았기 때문에 국어 교사나 다른 전공자들도 한국어 교사로 활동을 했으나, 2005년에 국어기본법 제19조 및 같은 법 시행령 제13~14조에서 한국어교원의 자격을 법으로 정하면서 공공기관이나 대학교는 물론, 대부분의 국내외 한국어 교육 기관에서 한국어 교원 자격증 소지자를 강사로 채용한다.

2) 한국어교원자격증의 종류

- 한국어교원 자격 기준은 신청자의 등급(1급, 2급, 3급) 및 요건별(학위 취득자, 양성 과정 이수자, 경력 요건자)로 구분되어 적용되고 있다.
- 이러한 기준의 판단 근거는 신청자가 적정한 교육과정 및 교과목을 이수하였는지 여부이다.

---

[2] 국립국어원 한국어교원 홈페이지(http://kteacher.korean.go.kr/) 참조.

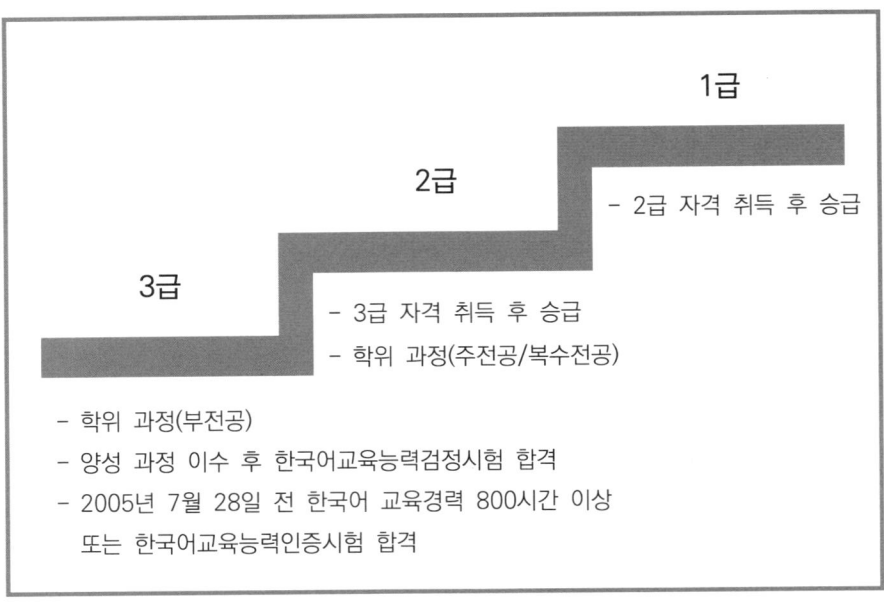

한국어 교원 자격증 취득 방법

- 2급 자격 취득 후 승급
- 3급 자격 취득 후 승급
- 학위 과정(주전공/복수전공)
- 학위 과정(부전공)
- 양성 과정 이수 후 한국어교육능력검정시험 합격
- 2005년 7월 28일 전 한국어 교육경력 800시간 이상 또는 한국어교육능력인증시험 합격

3) 한국어 교원 자격을 위한 필수 이수 학점

- 한국어 교원 자격 취득을 위한 필수 이수 학점은 다음과 같다.

영역	대학		대학원	한국어 교육 양성과정
	전공/복수전공	부전공		
	2급	3급	2급	3급
1. 한국어학	6학점	3학점	3~4학점	30시간
2. 일반언어학 및 응용언어학	6학점	3학점		12시간
3. 외국어로서의 한국어교육론	24학점	9학점	9~10학점	46시간
4. 한국문화	6학점	3학점	2~3학점	12시간
5. 한국어교육실습	3학점	3학점	2~3학점	20시간
합 계	45학점	21학점	18학점	120시간

4) 한국어교원 자격 승급을 위한 조건

- 한국어교원 자격 승급을 위해서는 자격 취득 후 일정 기간 및 일정 시간 동안 한국어 교육 경력을 쌓아야 한다.

구분	대상	자격 취득 후 강의 기간	총 합산 강의 시간
1급 승급	2급 취득자	5년	2,000시간 이상
2급 승급	부전공(학위과정) 3급 취득자	3년	1,200시간 이상
	하향 판정(학위과정) 3급 취득자		
	한국어교원 양성과정 3급 취득자	5년	2,000시간 이상
	한국어교육능력인증시험 3급 취득자		
	800시간 한국어교육 경력 3급 취득자		

- 승급을 위한 강의 경력은 한 해 100시간 이상 또는 15주 이상의 강의를 한 경우이다.
- 한국어교원 자격 승급을 위한 한국어 교육 경력 인정 기관은 [문화체육관광부고시 제2022-21호]로 지정되어 있다.

5) 한국어교원자격 관련 한국어교육 경력 인정 기관

(1) 세종학당재단이 지정한 세종학당
(2) 다음의 어느 하나에 해당하는 기관으로서 외국인근로자를 대상으로 한국어교육을 시행하는 기관
　가. 「외국인근로자의 고용 등에 관한 법률」 제24조에 따라 국가로부터 지원을 받는 기관 또는 단체
　나. 지방자치단체의 장으로부터 가목에 준하는 업무를 위탁받아 수행하는 기관 또는 단체
(3) 「다문화가족지원법」 제12조 제1항에 따라 지정받은 다문화가족지원센터
(4) 「초·중등교육법」 제60조의2에 따른 외국인학교와 제60조의3에 따른 대안학교

(5) 「초・중등교육법」 제28조에 따라 각 지방교육청의 장으로부터 위탁을 받아 운영하는 교육기관
(6) 국내외 기관에 한국어교육 프로그램의 운영을 위탁하거나 한국어 교원을 파견하는 「공공기관의 운영에 관한 법률」 제4조 제1항 각 호에 따른 공공기관
(7) 「청소년복지지원법」 제30조에 따른 이주배경청소년지원센터 및 이와 관련된 업무를 위탁받아 운영하는 기관
(8) 시・도 교육청이 지정한 한국어 학급을 설치한 유치원

6) 한국어교원 개인 자격 신청 방법
- 신청 조건은 해당 과목을 모두 이수하고 과정을 마친 경우(졸업 후)에 해당된다.
- 신청 시기는 연 3회로, 1차는 3월, 2차는 9월, 3차는 12월에 진행한다.
- 신청 방법은 국립국어원 한국어교원 홈페이지를 통해 개별적으로 신청해야 한다.(http://kteacher.korean.go.kr)
- 신청 서류는 기관에서 제공하는 신청서와 졸업증명서, 성적증명서이며, 외국인의 경우 한국어능력시험(TOPIK) 6급 취득 증명 서류도 제출해야 한다.

3 한국어 학습자의 이해

1) 한국어 학습자란?
- 한국어를 외국어(혹은 제2언어)로서 배우는 사람을 말한다.

 더 알아보기

외국어 vs 제2언어

- 외국어(Foreign Language): 모국어와 대조를 이루는 개념으로, 자신이 살고 있는 나라의 말이 아니라 다른 나라의 말을 가리킨다.

- 제2언어(Second Language): 제1언어와 대조를 이루는 개념으로, 자신이 태어나서 처음으로 사용한 제1언어 사용 환경을 떠나 다른 언어를 사용하는 곳에서 생활하면서 배우게 되는 두 번째의 언어를 가리킨다.

➡ 최근에는 국제 여행/이주가 자유로워지면서 외국어로서 한국어를 배우던 사람들이 한국에 유학을 와서 장기간 머무르기도 하고, 한국으로 이민을 오기도 하는 등 외국어로서의 한국어 학습자와 제2언어로서의 한국어 학습자가 명확하게 구분이 되지 않는 경우가 많다.

2) 한국어 학습자의 분류[3]

- 외국어로서의 한국어 학습자(Korean Learner as Foreign Language)는 자신의 나라에 거주하면서 학문적, 문화적, 사업적 관심으로 한국어를 배우는 사람을 말한다.
- 제2언어로서의 한국어 학습자(Korean Learner as Second Language)는 이민, 결혼, 유학 등의 목적으로 한국에 와서 장기간 거주하면서 한국어를 배우는 사람을 가리킨다.
- 외국어로서의 한국어 학습자의 학습 목적은 한국어를 통한 다양한 욕구 충족에 있고 제2언어로서의 한국어 학습자는 한국인과의 의사 소통을 목적으로 한다.
- 일반적으로 외국어로서, 혹은 제2언어로서 다른 언어를 배우는 과정은 서로 다르며 이를 가르치는 과정도 서로 다르다고 본다. 보통 외국어는 인위적 환경에서 '학습(Learning)'하는 것으로, 제2언어는 자연스러운 상황 '습득(Acquisition)'하는 것으로 설명하기도 한다.
- 최근에는 국제 여행 또는 이주가 자유로워지면서 외국어로서 한국어를 배우던 사람들이 한국에 유학을 와서 장기간 머무르기도 하고,

---

[3] 한국어 학습자의 분류에 부모나 조상이 한국인이어서 자신의 뿌리를 찾고자 한국어를 배우는 '계승어로서의 한국어 학습자(Korean Learner as heritage language)'를 추가하는 경우도 있다. 계승어로서의 한국어 학습자(재외동포)의 학습 목적은 자신의 정체성 확인과 한국 사회와 문화에 대한 이해에 있다고 할 수 있다.

한국으로 이민을 오기도 하는 등 외국어로서의 한국어 학습자와 제2언어로서의 한국어 학습자가 명확하게 구분이 되지 않는 경우가 많다.

3) 한국어 학습 목적에 따른 학습 내용

- 한국어 학습자의 학습 목적은 학습자들의 개인적 상황이나 한국과 관련된 업무 혹은 학업 및 취미 등에 따라 다양하게 나타난다.

한국어 교육의 목적[4]

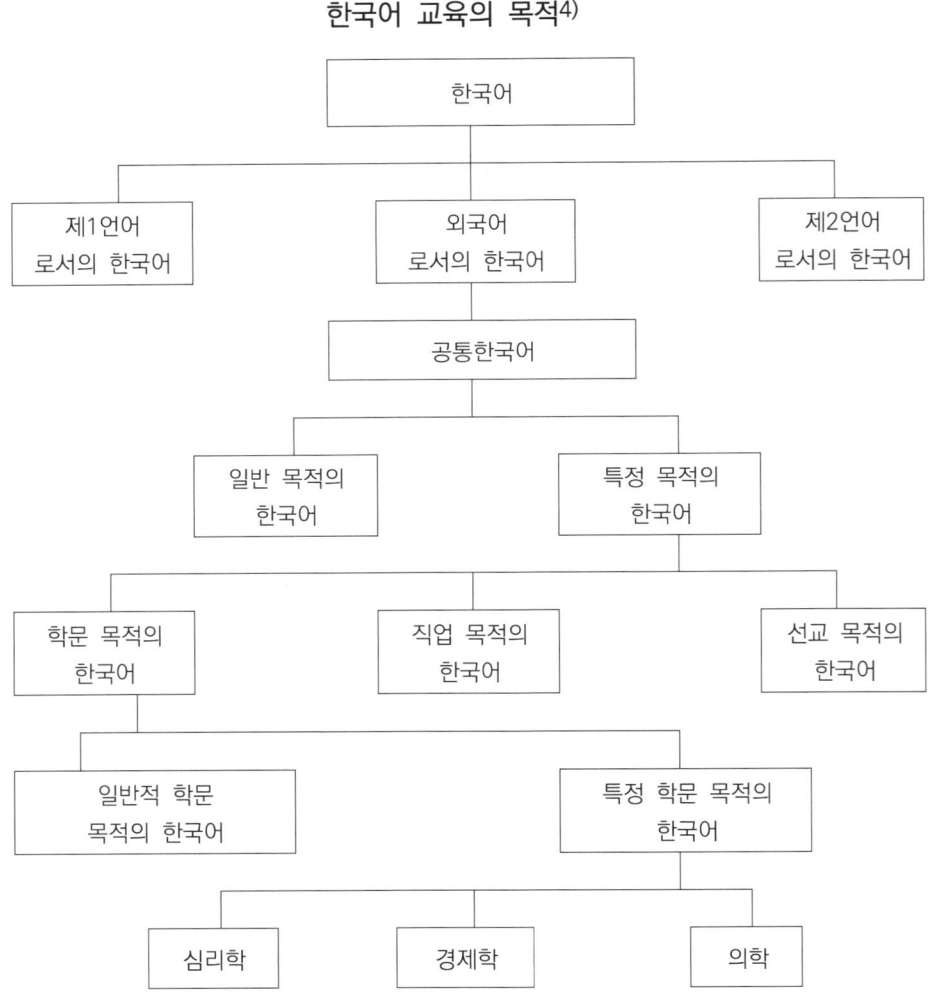

---

[4] 최정순(2006), 학문 목적 한국어 교육의 교육과정과 평가, 이중언어학 31호, 이중언어학회, 282쪽.

(1) 일반적 한국어 능력
 - 한국어를 제대로 구사하기 위해서는 한국어의 특징과 관련 지식을 알고, 이를 바탕으로 한국어를 사용하는 능력을 함양해야 한다.
 - 한국어 관련 지식으로는 한글 자모와 한국어 발음(자음, 모음, 억양 및 길이, 음의 변화 등), 한국어 어휘(상황별 어휘, 어휘의 구성 방식, 한자어, 외래어 등), 한국어 문법(조사, 어미, 시제, 높임법 등), 한국 문학(수필, 시, 소설 등), 한국 문화(전통 문화, 현대 문화 등) 등 한국어와 한국 문화 관련 지식 등을 들 수 있다.
 - 한국어 사용 능력은 한국어 말하기, 한국어 듣기, 한국어 쓰기, 한국어 읽기가 가능한 능력이 이에 해당된다.

(2) 특수 목적 한국어 내용
 - 특수한 목적을 위해 한국어를 배우는 경우에는 일반적인 한국어 능력 외에 특정 목적에 부합되는 한국어 능력을 가져야 한다. 특수한 목적의 한국어 학습 내용의 예를 들면 다음과 같다.
 - 비즈니스(사업 계획, 프리젠테이션, 공식적 메일 쓰기 등), 전공(경영, 정치, 의학 관련 어휘 및 문법, 논문 쓰기 등), 대학 생활(강의 듣기, 발표하기, 토론하기, 보고서 쓰기 등), 통번역(통역 방법, 번역 방법 등), 관광(관광지 정보, 교통 정보 등), 시험(시험을 위한 어휘, 문법적 지식, 각종 시험 관련 기술 등) 등

4) 한국어 학습자의 인지적, 심리적 고려 사항
 - 한국어 학습자의 인지적, 심리적 상태를 파악하면 학습자의 맞는 교수 방법을 통해 효과적인 교육이 가능하다.

(1) 생물학적/민족적 특성
 - 학습자들의 성별이나 국적 혹은 민족 등에 따라 집단 소속감으로 인해 공통된 경험을 갖는 경향이 있다. 따라서 대상 학습자들이

어떤 그룹의 구성원인지를 파악하여 이들에게 보다 이해하기 쉽고 관련성이 높은 맥락과 사례를 제공해야 한다.

(2) 지적 특성
- 나이와 지능, 학력 등은 학습 시간과 설명의 수준, 학습 자료, 활동 방법 등을 결정하기 위해서 고려해야 한다.

(3) 인지 양식(학습 양식)
- 인지 양식은 제시된 정보를 처리하는 방법과 주어진 과제를 해결하고자 할 때 사용하는 다양한 전략을 말한다.
- 이것은 한국어를 학습할 때 어디에 초점을 두고 학습하는가를 보여주므로 학습자의 학습 양식을 이해하면 적절한 과제를 수행하게 하거나 교실 활동을 구성할 때 도움이 된다.

학습자에 따른 인지 양식의 차이[5]

	vs	
주의 집중의 대상에 따라 전체적인 윤곽에 집중		미세한 특징에 집중
대상의 분류 시 소수의 큰 개념으로 분류		다수의 하위 개념으로 분류
사물의 분류 시 관찰 가능한 특징에 근거한 분류		추상적 속성에 의거한 분류
문제해결 시 빠르고 충동적인 반응		느리고 신중한 반응
직감적이고 귀납적인 사고		논리적이고 연역적인 사고
자신의 기존 인지구조를 적용하여 사물을 인식하기		주요 자극의 구체적인 특성에 의해 자신의 인지구조를 변화하기
배경이나 상황에 의해 영향 받기		배경에 관계없이 내적 동기에 따라 해결

---

5) H. Douglas Brown(2000) 참조.

(4) 심리적 특성
   - 학습에 대한 불안감 즉, 학습자가 학습이나 평가에 대해서 가지고 있는 불안감이 무엇인가 파악해야 한다.
   - 학업적 자아개념 즉, 학습자가 학습자로서의 자기 자신에 대해서 가지고 있는 긍정적 혹은 부정적인 이미지를 확인하는 것이 중요하다.
   - 통제의 소재 즉, 학습자가 학습의 결과, 즉 성공이나 실패의 원인을 어디에서 찾느냐도 고려해야 한다.

(5) 선수(先受) 학습 정도
   - 이전의 외국어 학습 경험, 한국어 학습 배경 및 수준 등을 확인해야 한다.
   - 외국어 학습 경험이 전무한 경우에는 외국어를 배우기가 쉽지 않으며, 이전에 한국어를 접해 본 경우에는 한국어와 문화를 이해하기가 상대적으로 쉬우므로 이 부분도 파악할 필요가 있는 것이다.

내용 확인하기

1. 한국어 교사는 (   )을/를 대상으로 한국어를 가르치는 사람을 말한다.

2. 한국어교원자격증은 (   )에서 발급하며 (   )개의 등급으로 되어 있다.

3. 한국어 학습자를 가르칠 때는 (,   ,   ,   ) 등을 고려해야 한다.

> 정답
> 1. 한국어를 모어로 하지 않는 외국인과 재외동포
> 2. 문화체육관광부, 3
> 3. 생물학적 특성, 지적 특성, 인지 양식, 심리적 특성, 선수 학습 정도

 더 생각해 보기

1. 한국어 교사가 되기 위해서 자신이 더욱 준비해야 할 부분은 무엇인지 생각해 봅시다.
2. 내가 앞으로 만나게 될 학습자는 어떤 부류의 학습자일 것인지, 그들에게 필요한 한국어 지식과 사용 능력은 무엇일지 생각해 봅시다.

참고문헌

곽지영 외(2007), 한국어교수법의실제, 연세대학교 대학출판문화원.

김중섭(2014), 한국어 교육의 이해, 하우.

서울대학교 교육연구소(1995), 교육학용어사전, 하우.

최정순(2006), 학문 목적 한국어 교육의 교육과정과 평가, 이중언어학 31호, 이중언어학회, 277-314쪽.

H. Douglas Brown(2000), Principles of Language Learning and Teaching, Longman, 이흥수 외 역(2002), 외국어 학습·교수의 원리 (제4판), Pearson Education.

국립국어원 한국어자격 홈페이지 http://kteacher.korean.go.kr

3. 한글 자모 교육 방법

학습목표

1. 훈민정음의 창제 원리를 설명할 수 있다.
2. 한글의 특징에 대해서 나열할 수 있다.
3. 한글 교수법을 제시할 수 있다.
4. 한글 자모 교수 방법을 제시할 수 있다.

 생각해보기

1. 한글은 어떤 원리로 만들어졌을까요?
2. 어떻게 하면 한글 자모를 효과적으로 가르칠 수 있을까요?

3 한글 자모 교육 방법

1 한글의 이해

1) 한글 이름의 변천 과정

- 한글의 이름은 역사적으로 다양하게 불리어 왔다. 현재 '한글'이라는 이름이 붙기 전에 어떤 이름으로 불렸는지를 알아보자.

(1) 훈민정음(訓民正音)

- '백성을 가르치는 바른 소리'라는 뜻으로 세종대왕이 1443년에 창제하여 1446년에 반포할 때 할 때 붙여진 이름이다. 훈민정음은 문자의 이름이자 이 문자의 창제 원리와 사용법 등을 해설해 놓은 책의 제목이기도 하다. 줄여서 정음(正音)이라고도 한다.
- 훈민정음은 아래와 같이 다양한 별칭으로도 불렸다.
  - 언문(諺文): 한문(漢文)과 비교하여 우리 토박이말을 적는 글자란 뜻으로 쓰였다.

- 언서(諺書): 언문을 '언서'라고 하기도 했으니, 이것은 한자(漢字)를 '진서(眞書)'라고 한 것에 대립한 말이다.
- 암클: 부녀자들이나 쓰는 글이란 뜻으로 한글을 낮추어 부른 이름이다.
- 통시글: 화장실에서나 쓰는 말이라 뜻으로 한글을 낮추어 부른 이름이다.

(2) 국문(國文)
- 19세기 말에 민족주의 정신의 대두와 더불어 우리 나라의 문자라는 뜻으로 '국문(國文)'으로 쓰였다.

(3) 한글
- 일제 강점기에 '국어(國語)', 국문(國文)'이라는 말을 사용하는 것에 제재가 가해지자 다양한 이름으로 바뀌게 된다.
- 한글학자 주시경(周時經)은 1908년에 '국어연구학회'(한글학회의 전신)를 창립하는데, 1911년에 '국어(國語)'란 말을 쓰지 못하게 되자 학회의 이름을 '배달말글 몯음'이라고 했다가 1913년에는 다시 '한글모'로 바꾸었다. 그 후 1927년에 기관지인 〈한글〉을 펴내기 시작하면서 이 말이 널리 쓰이게 된 것이다. '한'은 '하나' 또는 '큰'의 뜻을 가지고 있어 한국의 글자에 대해 권위를 붙여준 이름으로, '정음'이란 이름과 그 정신이 서로 통한다고 볼 수 있다.

2) 훈민정음 창제(創製) 원리
- 훈민정음의 제자(制字) 원리는 훈민정음 해례(1445)에 나와 있다.

(1) 초성(初聲)
① 초성의 제자 원리
- 상형(象形): 소리를 내는 위치(조음위치; 調音位置)의 모양을 본떠서

글자를 만들었다. 즉, 어금닛소리 'ㄱ'은 혀뿌리가 목구멍을 막는 모양, 혓소리 'ㄴ'은 혀가 윗잇몸에 붙는 모양, 입술소리 'ㅁ'은 입모양, 잇소리 'ㅅ'은 이모양, 목구멍소리 'ㅇ'은 목구멍 모양을 본떠서 만든 것이다.

초성의 제자 원리6)

   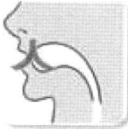 

- 가획(加劃): 기본 글자에 획을 더해서 추가 글자를 만들었다.
  예 ㄱ→ㅋ, ㄴ→ㄷ→ㅌ, ㅅ→ㅈ→ㅊ
- 이체(異體): 가획의 원리로 만들어질 수 있는 글자 외에 모양이 다른 글자도 만들었다. 예 ㄹ, ㅿ, ㆁ

훈민정음의 초성 형성 방법

기본자	가획자(加劃字)		이체자(異體字)
ㄱ	ㅋ		ㆁ
ㄴ	ㄷ	ㅌ	ㄹ
ㅁ	ㅂ	ㅍ	
ㅅ	ㅈ	ㅊ	ㅿ
ㅇ	ㆆ	ㅎ	

② 초성의 표기 방법
  - 병서(竝書): 두 글자를 나란히 쓰는 방법이다.
    예 ㄲ, ㄸ, ㅃ, ㅆ, ㅉ(각자병서), ㅂㄱ, ㅅㄱ, ㅂㅅㄱ(합용병서)
  - 연서(連書): 입술소리 아래에 ㅇ을 이어서 써서 순경음(脣輕音)을

---
6) 국립국어원(2021), 세종한국어 1, 16쪽.

표시하는 방법이다.

　　　예 ㅱ, ㅸ, ㆄ, ㆅ(실제로는 ㅸ만 쓰임)

③ 현대 한국어의 초성
- 15세기 초성 총 17자 중 'ㆁ(옛이응), ㆆ, ㅿ'이 소실되고 'ㄱ, ㄴ, ㄷ, ㄹ, ㅁ, ㅂ, ㅅ, ㅇ, ㅈ, ㅊ, ㅋ, ㅌ, ㅍ, ㅎ' 14자만 남아 있다.
- 15세기 초성의 합용병서는 현재 사용하지 않고, 각자병서로 썼던 'ㄲ, ㄸ, ㅃ, ㅆ, ㅉ'가 된소리(경음; 硬音)를 나타내는 글자로 사용된다.

(2) 중성(中聲)

① 중성의 제자 원리
- 천(天: ·), 지(地: ㅡ), 인(人: ㅣ)의 삼재(三才)를 기본으로 하여 초출자(初出字) 'ㅗ, ㅏ, ㅜ, ㅓ', 재출자(再出字) 'ㅛ, ㅑ, ㅠ, ㅕ'를 기본 글자로 삼았다.

훈민정음의 모음 형성 방법

기본 모음	초출자	재출자
· ㅡ ㅣ	ㅡ + · = ㅗ ㅣ + · = ㅏ ㅡ + · = ㅜ ㅣ + · = ㅓ	ㅗ + · = ㅛ ㅏ + · = ㅑ ㅜ + · = ㅠ ㅓ + · = ㅕ

② 현대 한국어의 중성
- 15세기 중성 총 11자 중 '·(아래아)'가 소실되어 현재 'ㅏ, ㅑ, ㅓ, ㅕ, ㅗ, ㅛ, ㅜ, ㅠ, ㅡ, ㅣ'의 10자가 남아 있다.

(3) 종성(終聲)

① 종성의 사용 원리
- 『훈민정음』 해례본에서 '종성부용초성(終聲復用初聲)' 즉, 종성은 초성을 다시 쓴다고 하였고, 종성해(終聲解)에서는 초성들 가운데 'ㆁ, ㄴ, ㅁ, ㅇ, ㄹ, ㅿ' 등 6자는 평성(平聲)·상성(上聲)·거성(去聲)

의 종성이 되고 나머지는 입성(入聲)의 종성이 된다고 하였으나, 'ㄱ, ㆁ, ㄷ, ㄴ, ㅂ, ㅁ, ㅅ, ㄹ'의 8자면 족하다고 하였다.

② 현대 한국어의 종성
- 초성에 쓰인 모든 글자가 올 수 있으나 발음은 7개의 대표소리 (ㄱ, ㄴ, ㄷ, ㄹ, ㅁ, ㅂ, ㅇ)로 나타난다.

3) 한글의 특징

① 한글은 표음문자(表音文字)이자 자질문자(資質文字)이므로 글자에 소리의 특징이 나타난다.
- 한글은 소리를 나타내는 표음문자(表音文字)이자 글자의 모양 안에 소리의 특징이 드러나기 때문에 자질문자(資質文字)라고도 부른다. 다시 말해서 ㄱ에다 획을 더하면 ㄱ에 공기가 더해진 ㅋ가 되고 ㄱ을 겹쳐 쓰면 보다 강한 소리 ㄲ가 되는 식으로 글자가 소리의 성질을 나타내기 때문이다.

 더 알아보기

표의문자와 표음문자 비교

- 표의문자(表意文字): 모양이나 의미를 나타내는 문자
  예) 이집트 문자, 한자
- 표음문자(表音文字): 소리를 나타내는 문자
  -음절문자(音節文字): 음절을 한 단위로 하여 표기하는 문자
  예) 일본의 가나문자 (か[ka], の[no])
  -음소문자(音素文字): 자음과 모음 등 음소적 단위의 음을 표기하는 문자
  예) 한글, 로마자, 한글, 러시아문자, 아랍문자

② 한글은 과학적인 구조로 되어 있어서 배우기 쉬울 뿐만 아니라 정보화 시대에 적합하다.
- 한글 창제 원리와 글자의 구조를 이해하면 누구나 쉽게 배울 수 있고 금방 사용할 수 있다.

- 컴퓨터나 스마트폰에서 자판을 입력할 때에도 제자원리를 활용하여 조합이 가능하므로 몇 개의 버튼만으로도 모든 문자를 입력할 수 있다.

언어별 스마트폰 입력기 비교

2 한글 자모 교수법

1) 한글의 음절 구조

- 음절이란 한번에 낼 수 있는 소리의 단위로서, 한글의 음절은 아래와 같은 구조로 이루어진다.
    ① 모음만으로 이루어진 음절 예 아, 우
    ② 자음과 모음의 결합으로 이루어진 음절 예 가, 수
    ③ 모음과 자음의 결합으로 이루어진 음절 예 악, 음
    ④ 자음과 모음과 자음의 결합으로 이루어진 음절 예 강, 손
- 소리를 내기 위해서는 모음이 가장 우선이 되므로 한글 자모를 가르칠 때는 모음부터 가르치는 것이 좋다.

2) 한글 자모 교수법

- 한글 자모는 소리와 1 대 1로 대응되므로 보통 글자 교육과 발음 교육이 함께 이루어진다.
- 한글 자모를 가르치는 방법은 교재나 수업 기자재 및 교수 방법에 따라 차이가 있다.
- 아동을 대상으로 할 때는 자모를 따로 교육하지 않고 단어와 의미를 연결해서 익숙해지게 한 후 자모를 분리해서 이해하도록 하는 방법을 활용할 수도 있다.

예시

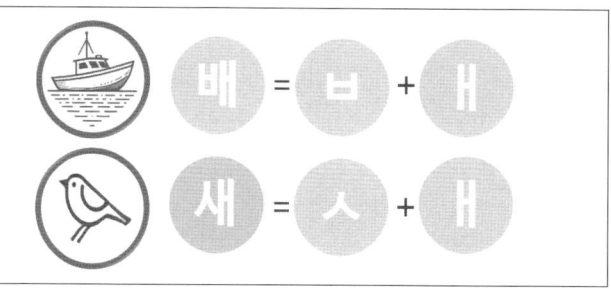

- 성인 대상의 한국어 교육 현장에서는 일반적으로 한글 자모를 먼저 가르치고 단어를 읽게 하는 방법을 사용한다.
- 한글 자모를 가르치는 순서는 모음➡자음(초성)➡받침(종성)으로 진행한다.
- 이 책에서는 판서 위주의 수업을 전제로 자모 수업 방법의 예를 제시하고자 한다.

(1) 모음 교수법

① 칠판에 모음을 하나씩 쓰면서 따라 읽고 쓰게 한다.
  - 화면으로 글자를 띄우거나 글자가 쓰인 종이를 붙일 수도 있지만 쓰는 순서와 방향을 알려 주기 위해서는 교사가 직접 쓰는 것이 더욱 효과적이다.

예시

| 아 | 어 | 오 | 우 | 으 | 이 | 애 | 에 | 외 | 위 |

② 글자와 소리를 연결할 수 있도록 차례로, 또는 순서를 바꾸어 가며 읽게 한다.
  - 전체 연습, 개인 연습을 통해 각각의 글자와 소리를 익히게 한다.
③ 모음의 발음과 글자를 연결지어 외울 수 있도록 듣기, 읽기, 말하기, 쓰기를 반복하면서 연습하게 한다.
  - 유의미한 단어와 연결지어 읽기나 쓰기를 진행할 경우, 학습자들이 더욱 쉽게 이해할 수 있다.

예시 ※ 듣고 따라하세요.

	이		아이
	오		오이

예시 ※ 읽고 쓰세요.

쓰기 연습					
이	아	이	오	이	에	이

예시 ※ 듣고 맞는 것에 ○표 하세요.

1. 오, 우	2. 어, 오	3. 에, 이
4. 외, 위	5. 으, 어	6. 오이, 어이

※ 듣고 쓰세요.

1) _____   2) _____   3) _____

4) _____   5) _____   6) _____

✓ 더 알아보기

1. 모음을 가르치는 순서

① 기본모음 10개(ㅏㅑㅓㅕㅗㅛㅜㅠㅡㅣ)를 먼저 가르치는 방법
- 전통적인 방식으로, 훈민정음의 제자 원리에 따른 기본 10자를 먼저 익힐 수 있다.
- 한국어 발음을 이미 알고 있는 경우에 유용하다.

② 단모음 10개(ㅏㅓㅗㅜㅡㅣㅐㅔㅚㅟ)를 먼저 가르치는 방법
- 한국어 발음을 모르는 경우, 발음과 글자를 함께 가르칠 때 유용하다.

2. 칠판에 모음을 적는 방식

① 'ㅏㅑㅓㅕㅗㅛㅜㅠㅡㅣ'와 같이 'ㅇ'을 쓰지 않는 방법
- 자음과 결합할 때는 편하나, 학생들이 'ㅏ'를 'a'와 같다고 생각해서 'ㅏ기', 'ㅜㅠ'와 같은 글자를 만들어 낸다.

② '아야어오요우유으이'와 같이 ㅇ을 붙여서 가르치는 방법
- 모음만 쓸 때는 편하지만, 자음과 함께 결합할 때, 'ㅅ아과', '봐'와 같은 오류를 만들어 내기도 한다.

※ 교재에 따라서 다르게 되어 있으니 상황에 맞게 사용하면 된다.

(2) 자음 교수법

① 자음은 단독으로 음절을 형성할 수 없으므로 칠판에 모음을 써 놓은 상태에서 왼쪽에 자음을 적은 후, 두 소리가 결합하는 방식을 보여 준다.

- 이때 자음도 쓰는 순서를 보여주고 따라 쓰게 한다. 순서뿐만 아니라 방향도 제대로 할 수 있도록 가르친다.

예시

	ㅏ	ㅓ	ㅗ	ㅜ	ㅡ	ㅣ	ㅐ	ㅔ	ㅚ	ㅟ
ㄱ	가	거	고	구	그	기	개	게	괴	귀
ㄴ										
ㄷ										
ㄹ										
ㅁ										

② 'ㄱ~ㅎ'까지 순서대로 적어가면서 발음과 함께 쓰는 방법을 가르친다.
- 이때 '가, 고', '카, 코'에서 모음이 오른쪽에 올 때와 아래에 오는 경우 글자의 모양이 달라지는 것을 알려준다.
- 예사소리 'ㄱ~ㅈ'까지 가르친 후에 거센소리 'ㅋ~ㅎ'을 가르치고, 그 후 된소리 'ㄲ,ㄸ,ㅃ,ㅆ,ㅉ'를 가르친다.
- 거센소리와 된소리는 소리의 특징을 알려 주면서 글자와 연결지을 수 있도록 안내해 준다.

③ 각각의 글자와 소리를 연결지어 외울 수 있도록 듣기, 읽기, 말하기, 쓰기를 반복하면서 가르친다.

예시 ※ 듣고 따라하세요.

	고구마		게
	다리		개미
	라디오		개구리

예시 ※ 읽고 쓰세요.

쓰기 연습												
고	구	마	게	다	리	개	미	라	디	오	개	구	리

예시 ※ 듣고 맞는 것에 ○표 하세요.

1) 고래, 노래	2) 개미, 매미	3) 다리, 고리
4) 나리, 다리	4) 무리, 누리	6) 거미, 거기

예시 ※ 듣고 쓰세요.

1) _____ 2) _____ 3) _____

4) _____ 5) _____ 6) _____

(3) 받침 교수법

① 칠판에 '아'를 14개 적은 후 각각의 아래에 자음을 'ㄱ'부터 'ㅎ'까지 차례로 쓴다.

- 이때, 'ㄱ, ㅋ'의 모양이 받침에서 달라지는 것도 알려준다.

예시

악 안 앋 알 암 압 앗 앙 앚 앛 악 앝 앞 앟

② 하나씩 읽으며 각각의 자음이 받침에서 어떻게 소리가 달라지는지 유의하면서 따라하게 한다.
③ 학생들에게 같은 소리로 발음하는 것을 찾아보게 한 후 대표소리를 모아서 알려 준다.

받침 글자	받침 소리
ㄱ, ㅋ	[ㄱ]
ㄴ	[ㄴ]
ㄷ, ㅅ, ㅈ, ㅊ, ㅌ, ㅎ	[ㄷ]
ㄹ	[ㄹ]
ㅁ	[ㅁ]
ㅂ, ㅍ	[ㅂ]
ㅇ	[ㅇ]

④ 각각의 글자와 소리를 연결지어 익힐 수 있도록 듣기, 읽기, 말하기, 쓰기를 반복하면서 가르친다.

예시 ※ 듣고 따라하세요.

	듣다		별
	집		공
	돈		부엌

예시 ※ 읽고 쓰세요.

쓰기 연습							
듣	다	별	집	공	돈	부	억

예시 ※ 듣고 맞는 것에 ○표 하세요.

1) 든, 등	2) 징, 짐	3) 돈, 동
4) 별, 변	4) 곳, 공	6) 부억, 부업

내용 확인하기

1. 훈민정음의 초성을 만들 때 사용한 원리를 두 개 쓰세요.

2. 다음 글자를 가르친다고 했을 때, 일반적으로 한글 자모를 가르치는 순서대로 나열해 보세요.

까, 우, 보, 암

> 정답
> 1. 상형, 가획
> 2. 우, 보, 까, 암

 더 생각해 보기

1. 다른 문자와 비교하여 한글이 가지고 있는 특징이 무엇일지 생각해 봅시다.
2. 한글 자모를 가르칠 때 활용할 수 있는 수업 도구나 영상 자료가 있는지 찾아봅시다.

참고문헌

국립국어원(2020), 초등학생을 위한 표준한국어 : 저학년 의사소통1 교사용지도서, 마리북스.

국립국어원(2022), 세종한국어1 교사용지도서, 공앤박.

연세대학교 한국어학당(2015), 3주완성 연세한국어1 교사용지도서. 연세대학교 대학출판문화원.

이영호(2019), 국민보급형 훈민정음 해례본, 달아실.

4. 한국어 발음 교육 방법

학습목표

1. 발음 교육 시 주의점을 말할 수 있다.
2. 발음 교육 방법을 설명할 수 있다.
3. 발음 교육에 활용 가능한 활동 유형을 설명할 수 있다.

 생각해보기

1. 한국어의 발음은 어떤 특징이 있을까요?
2. 한국어의 발음을 체계적으로 가르치는 방법은 어떤 것이 있을까요?

4 한국어 발음 교육 방법

1 발음 교육 개관

1) 발음 교육의 필요성
- 발음은 학습의 초기 단계에서 굳어지기 때문에 초기에 교정하지 않으면 쉽게 고치기 어렵다.
- 발음은 언어의 요소 중에서 모국어의 영향을 가장 많이 받기 때문에 특히 주의해서 가르쳐야 한다.
- 발음은 언어를 말하는 사람의 인상이나 유창성에 대한 선입견을 준다. 고급 어휘와 문법을 구사하더라도 발음이 자연스럽지 않으면 초보 학습자 같은 인상을 준다.
- 한국어의 발음은 다른 언어에 없는 특징이 존재한다. 따라서 학습자들이 한어의 특별한 발음에 익숙해질 수 있도록 다각도로 훈련을 시키는 것이 필요하다.

2) 발음 교육의 목표

- 발음 교육의 목표는 한국 사람들의 발음을 듣고 이해할 수 있으며 한국인들을 이해시킬 수 있는 정도의 자연스러운 발음을 할 수 있는 것을 목표로 한다. 즉 한국어로 의사소통이 가능한 수준을 목표로 한다.
- 모든 학습자에게 한국인과 같은 수준으로 발음을 하도록 강요할 필요는 없다. 그러나 경우에 따라 한국인과 같은 수준의 자연스러운 발음이 요구되는 경우도 있다. 예 방송인, 언론인 등

3) 발음 교수 방법의 원리

- 일반적으로 자음과 모음의 발음은 한글 자모와 함께 가르친다.
- 개별 음소의 발음뿐만 아니라 문장의 의미를 좌우하는 억양, 길이 등의 초분절적 음소(운소)도 함께 가르친다.
- 글자 그대로 읽지 않도록 음소의 변동 규칙을 알려준다.
- 시청각 자료를 활용해서 다양한 방법으로 가르치고 연습시킨다.
- 가능하면 모국어의 발음과 비교하면서 유사점과 차이점을 인식하고 발음할 수 있도록 가르친다.

 더 알아보기

음소(音素)와 운소(韻素)

- 음운(音韻)이란 말의 뜻을 구별해 주는 가장 작은 단위이다. 음운은 음소와 운소를 모두 일컫는 말이다.
- 음소란 공기를 통해 전해지는 소리를 말하며 자음과 모음으로 나누어진다.
- 운소는 소리에 덧붙여 의미 차이를 나타내는 것으로 길이, 세기, 억양 등을 들 수 있다. 음소를 분절적(分節的) 음소, 운소를 초분절적(超分節的) 음소라고 부르기도 한다.

2 한국어 모음 교육 방법

- 모음은 성대의 진동을 받은 소리가 목, 입, 코를 거쳐 나오면서, 그 통로가 좁아지거나 완전히 막히거나 하는 따위의 장애를 받지 않고 나는 소리를 말한다.
- 한국어의 모음은 하나의 모음으로만 이루어진 단모음 10개(ㅏ, ㅓ, ㅗ, ㅜ, ㅡ, ㅣ, ㅐ, ㅔ, ㅚ, ㅟ)와 두 개 이상의 모음이 합쳐진 이중모음 11개(ㅑ, ㅕ, ㅛ, ㅠ, ㅒ, ㅖ, ㅘ, ㅝ, ㅙ, ㅞ, ㅢ)로 총 21개의 모음이 있다.

1) 단모음 교수법

(1) 단모음의 체계

- 단모음은 입모양이나 혀의 위치가 바뀌지 않고 한 번에 소리낼 수 있는 모음을 가리킨다.
- 단모음은 혀의 높낮이에 따라(고모음/중모음/저모음), 입천장에 다가가는 혀의 부위에 따라(전설모음/후설모음), 입술의 둥근 정도에 따라(평순모음/원순모음) 아래와 같이 분류할 수 있다.

한국어의 모음 체계

	전설(前舌)모음		후설(後舌)모음	
	평순(平脣)모음	원순(圓脣)모음	평순(平脣)모음	원순(圓脣)모음
고모음	ㅣ	ㅟ	ㅡ	ㅜ
중모음	ㅔ	ㅚ	ㅓ	ㅗ
저모음	ㅐ		ㅏ	

(2) 단모음 교수법

① 교사의 입모양을 보면서 듣고 따라하게 한다.
- 교사가 직접 보여주면서 발음을 하고, 필요한 경우 입모양 사진을 보여 주면서 따라해 보게 한다.

한국어 모음의 입모양

아		오	
어		우	
으		이	

② 가장 기본적인 모음부터 연습시킨 후 타 언어에 존재하지 않거나 발음이 다소 달라 특별히 연습이 필요한 모음 순으로 가르친다.

아 에 이 오 우 ➡ 어 으 애 외 위

※ '외, 위' 발음은 현대 한국어에서 이중모음으로도 발음됨을 알려 준다.

 더 알아보기

'외, 위'의 발음

- 한국어의 표준 발음에서 '외, 위'는 단모음으로 발음한다.
- '외'의 정확한 발음은 입 모양을 '오'로 한 상태에서 입술 모양을 바꾸지 않고 '에' 발음을 할 때 나는 소리이며, '위'의 정확한 발음은 입술 모양을 '우'로 한 상태에서 '이' 발음을 할 때 나는 소리이다. 두 소리 모두 단모음이므로 소리를 내는 동안 입술 모양이나 혀의 위치가 바뀌지 않아야 한다.
- 실제 한국어 발음에서 '외'는 대부분 '왜'와 같이 이중모음으로 발음하는 경우가 많다. 그리고 '위' 발음 또한 사람들을 조용히 시킬 때 내는 '쉿'이나 아이에게 소변을 누게 할 때 내는 '쉬' 이외에는 대부분 이중모음으로 발음한다.
- 외국인 학습자에게 이런 발음들은 굳이 단모음으로 발음하기를 강요하지 말고 원리는 가르치되 현실 발음도 알려 주는 것이 좋다.

③ 발음이 비슷한 모음은 비교를 통해서 가르친다.
  - 발음상 위치가 비슷하거나 입모양이 비슷하여 헷갈리는 발음은 입모양과 입을 벌리는 크기 등을 서로 비교해 가면서 가르친다.

예시

애 vs 에	어 vs 으	어 vs 오	으 vs 우
입을 편하게 벌려서 '에'를 발음하게 하고 입을 위아래로 좀더 크게 벌려서 '애'를 발음하게 한다.	입을 편하게 벌려서 '어'를 발음하게 하고 입을 옆으로 더 벌려서 '으'를 발음하게 한다.	입을 편하게 벌려서 '어'를 발음하게 하고 입을 모아서 '오'를 발음하게 한다.	입을 옆으로 벌려서 '으'를 발음하게 하고 입을 모으고 앞으로 내밀면서 '우'를 발음하게 한다.

④ 학습자의 모국어에 없는 발음이나 다소 다른 발음으로 인해 어려워하는 소리를 중점적으로 가르친다.
  - 영어에는 자음이 연이어 오는 경우 자음만을 발음할 수 있으므로 (예: strike[straik]) '으' 발음이 별도로 존재하지 않는다. 따라서 영어권 학습자는 '으' 발음을 어려워하고, '어'를 '오'로 발음하는 경향이 있다.
  - 일본어에는 모음이 '아, 에, 이, 오, 우'만 존재한다. 따라서 일본어권 학습자는 'ㅡ'를 'ㅜ'로, 'ㅓ'를 'ㅗ'로 발음하는 경향이 있다.
  - 중국어권 학습자는 성조의 영향으로 모음을 강하게 발음하는 경향이 있으며 'ㅡ'를 'ㅓ'로 발음하는 경우가 많다.
  - 러시아권 학습자는 'ㅓ'는 'ㅗ, ㅜ'로, 'ㅡ'는 'ㅣ'로 발음하는 경향이 있다.

2) 이중모음 교수법

(1) 이중모음의 체계

  - 이중모음은 두 개의 모음을 발음을 이어서 내는 소리로 처음과 끝의 입술 모양이나 혀의 위치가 달라진다.

- 두 모음 중 앞소리는 반모음(半母音)으로, 지나가는 소리로 짧게 발음하고 뒤에오는 모음을 길게 발음한다.

한국어의 이중모음

'ㅣ'계 이중모음	ㅑ, ㅕ, ㅛ, ㅠ, ㅒ, ㅖ
'ㅗ/ㅜ'계 이중모음	ㅘ, ㅝ, ㅙ, ㅞ
'ㅡ'계 이중모음	ㅢ

(2) 이중 모음 교수법

① 'ㅣ'계 이중모음
- 'ㅣ'에서 시작되어 'ㅏ, ㅓ, ㅗ, ㅜ, ㅔ, ㅐ'로 끝나는 발음으로 설명한다. 이때 입모양이 달라지는 것을 느끼게 한다.
- 'ㅑ' 발음은 'ㅣ+ㅏ'를 빨리 발음해 보라고 하여 '이아', '이아'를 반복하다 보면 '야'발음이 된다고 알려 주면 된다. 다른 발음도 마찬가지이다.

② 'ㅗ/ㅜ'계 이중모음
- 'ㅗ+ㅏ, ㅜ+ㅓ, ㅗ+ㅐ, ㅜ+ㅔ'를 천천히 발음하다가 점차 빠르게 하면서 'ㅘ' 'ㅝ' 'ㅙ' ㅞ'로 발음되는 것을 느낄 수 있게 한다.
- 특히, 한국어에는 모음 조화 현상이 있어서 'ㅗ+ㅓ, ㅜ+ㅏ' 등의 조합은 존재하지 않음을 알려준다.

③ 'ㅡ'계 이중모음
- 'ㅡ +ㅣ' 두 모음을 빠르게 발음하여 소리를 낸다.
- 'ㅢ'는 위치와 문법적 기능에 따라서 발음이 달라짐을 알려 준다.

'의'의 발음

위치	발음	예
어두	ㅢ	**의**사, **의**지, **의**미
자음 뒤	ㅣ	희망, 띄다
둘째 음절 이하	ㅢ 또는 ㅣ	주의, 의의
명사 사이	ㅢ 또는 ㅔ	우리의 소원, 사랑의 의미

더 알아보기

한국어 발음 연습 자료

1. 국립국어원 "바른 소리"
- 한국어 자음과 모음, 음소 변동과 억양을 단어를 통해 익히며 정확한 발음을 들어 볼 수 있다.

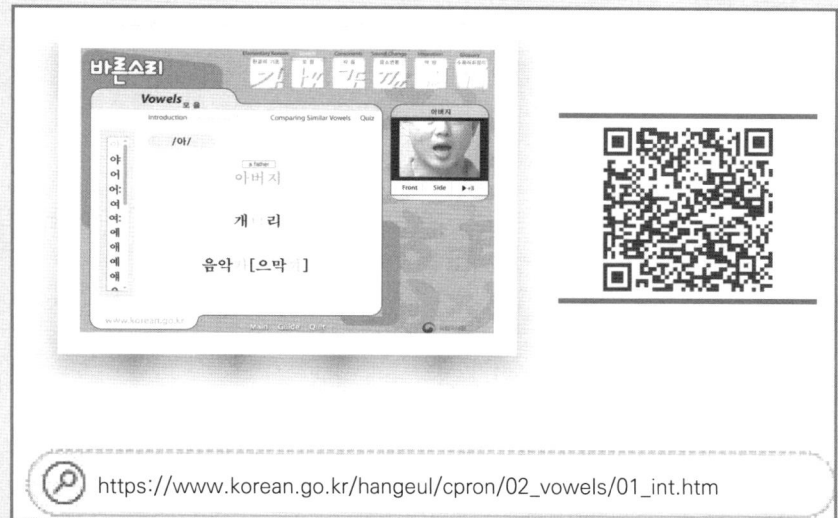

https://www.korean.go.kr/hangeul/cpron/02_vowels/01_int.htm

2. "세종한국어 회화 기초" 앱
- 한국어의 기초적인 단어와 문장을 듣고 따라서 녹음할 수 있는 기능을 제공한다.
- 녹음한 음성과 기준이 되는 음성 간의 정확도와 속도의 비교도 이루어진다.

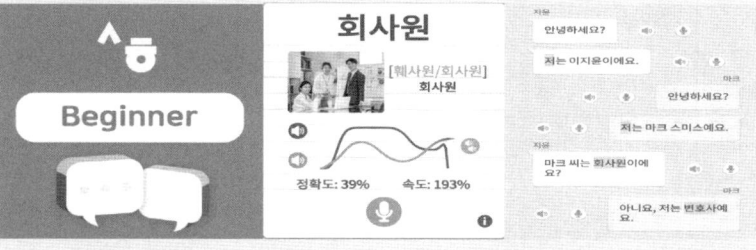

3 자음 교육 방법

- 자음은 폐에서 나오는 공기가 주요 발음 기관인 입술, 혀, 등에서 장애를 받아서 만들어지는 소리이다. 장애가 일어나는 위치, 장애가 일어나는 방법에 따라서 소리가 달라진다.

1) 초성 발음 교수법
(1) 자음 체계
- 한국어의 자음은 소리 내는 자리(조음 위치), 소리 내는 방법(조음 방법)에 따라 다음과 같이 분류할 수 있다.

한국어의 자음 체계[7]

조음 방법		조음 위치	양순음(兩脣音)/두입술소리	치조음(齒槽音)/윗잇몸소리	경구개음(硬口蓋音)/센입천장소리	연구개음(軟口蓋音)/여린입천장소리	후두음(喉頭音)/목청소리
장애음(障礙音)/안울림소리	파열음(破裂音)/터짐소리	평음(平音)/예사소리	ㅂ	ㄷ		ㄱ	
		경음(硬音)/된소리	ㅃ	ㄸ		ㄲ	
		격음(激音)/거센소리	ㅍ	ㅌ		ㅋ	
	파찰음(破擦音)/붙갈이소리	평음/예사소리			ㅈ		
		경음/된소리			ㅉ		
		격음/거센소리			ㅊ		
	마찰음(摩擦音)/갈이소리	평음/예사소리		ㅅ			ㅎ
		경음/된소리		ㅆ			
공명음(共鳴音)/울림소리	비음(鼻音)/콧소리		ㅁ	ㄴ		ㅇ	
	유음(流音)/흐름소리			ㄹ			

---

[7] 언어학 용어는 한자어로 정리된 것과 고유어 표현이 있다. 이론서나 교재에 따라 다르게 사용하므로 두 용어를 알아두면 편리하다.

(2) 초성 교수법

① 초성 자음의 발음을 각각 들려주고 따라하게 한다.
  - 한국어의 초성은 따로 발음할 수 없으므로 모음(ㅏ, 또는 ㅡ)과 결합하여 발음하게 한다. 예 가, 나, 다, 라 / 그, 느, 드, 르

② 발음을 어려워할 경우, 입모양을 직접 보여주거나 그림을 통해 발음되는 위치를 알려 준다.

자음의 발음 위치

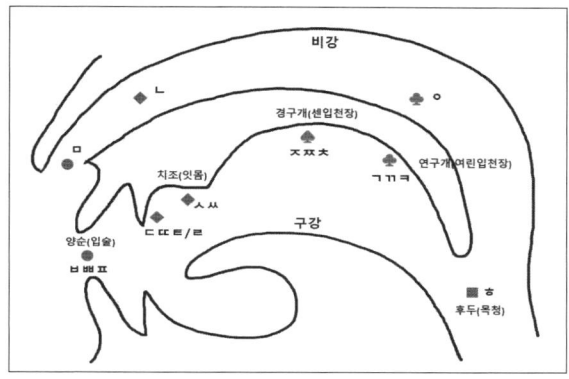

③ 익숙한 발음부터 어려운 발음 순으로 가르친다.

④ 같은 자리에서 혹은 같은 방법으로 나는 소리는 비교를 통해서 가르친다.
  - 특히 예사소리와 된소리, 거센소리 쌍은 바람의 세기와 긴장의 강도 등에 따라 발음이 달라진다는 것을 알려 준다.

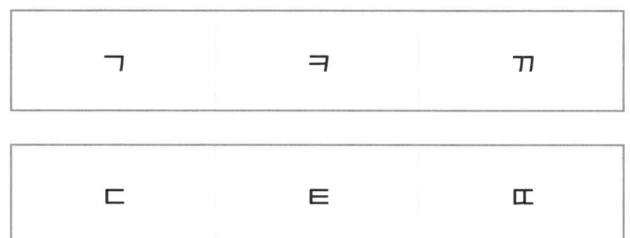

> **더 알아보기**
>
> **거센소리와 된소리 교수 방법**
>
> - 거센소리는 발음을 할 때, 입에서 밖으로 바람을 크게 내보내면서 소리를 내야 한다. 따라서 입 앞에 티슈 한 장을 놓고 '가'와 '카' 발음을 하면서 '카' 소리를 낼 때 티슈가 크게 흔들리는 것을 확인하도록 한다. 교사뿐만 아니라 학생들에게도 티슈를 한 장씩 나눠 주고 이 차이를 직접 경험해 보게 한다.
> - 된소리는 목청에 힘을 주어 소리를 막았다가 내보내면서 내는 소리이다. 따라서 '윽까', '읍빠'와 같이 소리를 내기 전에 해당 소리를 받침으로 발음을 한 후 이어서 목에 힘을 주고 소리를 내 보도록 지도한다.

⑤ 학습자의 모국어에 따라 어려워하는 발음을 중점적으로 가르친다.
- 영어권 학습자는 된소리 'ㄲ, ㄸ, ㅃ, ㅆ, ㅉ'를 제대로 발음하지 못하고 'ㄹ'을 [r]과 같이 굴려서 발음하려는 경향이 있다.
- 일본어권 학습자는 된소리와 거센소리를 모두 어려워하므로 체계적으로 연습시켜야 한다.
- 중국어권 학습자는 'ㅅ, ㅈ, ㅊ'를 잘 구별하지 못하고 예사소리를 된소리처럼 강하게 발음하는 경향이 있다.

2) 종성 교수법

(1) 종성의 대표음

- 자음이 종성에 올 때는 [ㄱ, ㄴ, ㄷ, ㄹ, ㅁ, ㅂ, ㅇ]의 대표음으로 소리난다.

종성의 대표음

받침 글자	받침 소리	예
ㄱ, ㄲ, ㅋ	[ㄱ]	국, 밖, 부엌
ㄴ	[ㄴ]	돈
ㄷ, ㅅ, ㅆ, ㅈ, ㅊ, ㅌ, ㅎ	[ㄷ]	듣다, 옷, 있다, 낮, 닻, 밑, 히읗

ㄹ	[ㄹ]	별
ㅁ	[ㅁ]	김치
ㅂ, ㅍ	[ㅂ]	집, 앞
ㅇ	[ㅇ]	공

(2) 종성의 교수법

① 자음이 종성에 올 때, 초성에서와 다른 소리가 되는 경우가 있으므로 주의해서 연습시킨다.

- [ㄱ], [ㄷ], [ㅂ]은 초성과 달리 종성에서는 소리가 밖으로 나오지 않도록 주의시켜야 한다. 예를 들어, '국'을 [구그]가 아니라 [국]으로, '꽃'을 [꼬츠]가 아니라 [꼳]으로 목청을 닫아서 발음하게 한다.
- [ㄴ], [ㅁ]은 종성에서도 [n, m]으로 소리나지만 [ㅇ]은 초성에서는 특별한 소리가 없는 한편, 종성에서는 [ŋ]으로 소리가 난다. 또한, 일본어에서는 종성 [ㄴ], [ㅁ], [ㅇ]이 이 발음들이 서로 구분이 되지 않기 때문에 일본 학생들에게는 혀의 위치와 입 모양을 강조해서 차이를 보여줘야 한다.
- [ㄹ]은 일본어에서 종성으로 쓰이지 않기 때문에 '물'을 [무르]로 발음하는 등 [ㄹ] 뒤에 [으]를 붙이는 경향이 있다. 따라서 [으]를 이어서 발음하지 말고 발음을 짧게 하도록 지도한다. 중국어에서는 [l] 발음이 어두에 오기 때문에 어말에 오는 [l]의 발음은 [r]처럼 발음하려는 경향이 있다. 이때 혀를 뒤로 굴리지 말고 윗잇몸 뒤에 혀를 붙여서 발음하도록 연습시킨다.

② 종성 자음 뒤에 모음이 이어서 올 경우, 종성 소리가 뒤로 연음되어 발음됨을 알려주고 읽기 연습을 하게 한다.

예 국[국]/국이[구기], 산[산]/산이[사니]

(3) 겹받침의 대표음
- 현대 한국어에서 겹자음은 초성에는 올 수 없고 종성에만 나타난다. 이때 두 발음 중 하나의 대표음으로 소리난다.

겹받침의 대표음

겹받침	대표 소리	예	발음
ㄳ	[ㄱ]	몫	[목]
ㄵ	[ㄴ]	앉다	[안따]
ㄶ	[ㄴ]	많다	[만타]
ㄺ	[ㄱ]	읽다	[익따]
ㄻ	[ㅁ]	젊다	[점따]
ㄼ	[ㄹ]/[ㅂ]	여덟/밟다	[여덜]/[밥따]
ㄽ	[ㄹ]	외곬	[외골]
ㄾ	[ㄹ]	핥다	[할따]
ㄿ	[ㅂ]	읊다	[읍따]
ㅀ	[ㄹ]	잃다	[일타]
ㅄ	[ㅂ]	없다	[업따]

(4) 겹받침의 교수법
① 겹받침의 두 소리 중 하나만 발음함을 알려준다.
- 겹받침은 대부분 앞의 자음으로 소리나지만, 'ㄺ, ㄻ, ㄿ'은 뒤의 자음으로 발음한다. 'ㄼ'은 대개 앞의 'ㄹ'로 발음하지만 때로는 뒤의 자음으로 발음함을 알려 준다.
예 밟다[밥따], 넓죽하다[넙쭈카다]
② 겹받침 뒤에 모음이 이어서 올 경우, 뒷소리는 모음과 연음됨을 알려주고 읽기 연습을 하게 한다.
예 몫[목]/[목시], 앉다[안따]/앉아[안자]

4 기타 발음 교육 내용

1) 발음의 변동 원리를 통한 발음 교육

- 한국어는 대부분 글자와 발음이 일치하지만, 발음을 쉽게 하거나 표현을 분명하게 하기 위해 일부 발음이 글자와 다르게 소리나는 경우가 있다. 따라서 음운의 변동이 적용되는 표현은 글자 그대로 읽지 않도록 주의시킨다.
- 초급 단계에서는 음운 변동이 일어나는 경우 단어별로 바뀐 발음을 한글로 적어서 바르게 발음하도록 지도하고, 중급 단계에서는 변동 원리를 설명해 주는 것이 좋다.

(1) 발음을 쉽게 하기 위한 음운 변동

① 음절의 끝소리 규칙
- 종성으로 쓰인 자음은 /ㄱ, ㄴ, ㄷ, ㄹ, ㅁ, ㅂ, ㅇ/의 7개의 대표 소리로 발음한다.
    예) 부엌[부억], 낯[낟]

② 음운 동화
- 이어나는 소리를 편하게 하기 위해서 같은 소리나 성질이 비슷한 소리로 바꾸어 발음한다.
    예) 자음동화 : 신라[실라], 종로[종노]
        구개음화 : 같이[가치]
        모음동화 : 아기 ➡ 애기
        모음조화 : 좋아, 넣어

③ 음운의 축약과 탈락
- 발음을 짧게 하기 위해 서로 다른 소리가 하나로 결합하기도 하고 일부 자음이나 모음이 탈락되기도 한다.
    예) 음운축약 : 좋고[조코], 보아 ➡ 봐
        음운탈락 : 살+으니 ➡ 사니

(2) 표현을 분명하게 하기 위한 음운 변동

① 된소리 되기
- : [ㄱ, ㄷ, ㅂ]로 끝나는 음절 뒤에서 'ㄱ, ㄷ, ㅂ, ㅅ, ㅈ'를 [ㄲ, ㄸ, ㅃ, ㅆ, ㅉ]로 발음한다. 그 밖에 한자어나 용언의 어간 뒤에서 'ㄱ, ㄷ, ㅂ, ㅅ, ㅈ'를 [ㄲ, ㄸ, ㅃ, ㅆ, ㅉ]로 발음하는 경우도 있다.
  예) 집밥[집빱], 갈등[갈뜽], 안지[안찌]

② 사잇소리 현상
- 두 단어가 결합하여 하나의 단어를 만들 때 뒤에 오는 단어의 뜻을 밝히기 위해 'ㅅ'을 넣어 발음하는 경우가 있다.
  예) 나뭇잎[나문닙], 윗사람[윋싸람]

2) 장단과 억양을 통한 발음 교육

(1) 음의 길이
- 한국어는 지역에 따라 음의 길이가 의미에 영향을 주는 방언과 그렇지 않은 방언이 있다[8].
- 한국어에서 표준어로 사용되는 서울말은 음의 길이에 따라 뜻이 달라진다.

① 어휘적 장음
- 같은 소리로 발음되는 단어 중에 음의 길이에 따라 뜻이 달라지는 경우가 있다.
- 어휘적 장음은 상황이나 문맥 내에서 유추 가능하므로 초급 단계에서 지나치게 강조하지 말고 중급 이상에서 간단히 설명하는 것이 좋다.

---

[8] 강원도 남부 지방과 경상도 및 제주 방언에는 음의 길이로 인한 의미 차이가 나타나지 않는다.

예시

(눈 그림)	눈:	(눈 그림)	눈
(말 그림)	말:	(말 그림)	말
(발 그림)	발:	(발 그림)	발
(밤 그림)	밤:	(밤 그림)	밤

② 표현적 장음

- 문장 일부의 내용을 강조하기 위해서 인위적으로 발음을 길게 하는 경우도 있다.

예시

집이 아주 넓다.[널:따]
꽃이 정말 예뻐요.[예:뻐요]
집이 아주 멀어요.[멀:어요]

- 표현적 장음은 어감이나 표현력과도 관계되므로 초급 단계에서도 알려줄 수 있다.

(2) 억양

- 현대 한국어에서는 성조나 억양이 의미 변별에 큰 영향을 끼치지 않는다. 그러나 문장의 종류에 따라 끝을 내리거나 올리는 등으로 의미에 차이를 나타내는 경우가 있다.
- 문장의 의미와 기능에 영향을 끼치는 억양은 초급 단계에서부터 가르칠 필요가 있다.

> **예시**
>
> 나는 집에 가.(↘) : 평서문
> 너는 집에 가?(↗) : 의문문
> 같이 가.(→) : 청유문
> 빨리 가.(-) : 명령문

5 발음 교육 방법

- 발음은 교수법이나 교재에 따라 다양한 방법으로 가르칠 수 있는데, 본 책에서는 언어 학습에 자주 사용되는 PPP(Presentation-Practice-Production:제시-연습-생산) 모형의 순서에 따른 교수 방법을 제안하고자 한다.

1) 제시(Presentation) 단계

- 학습자들에게 특정 소리의 특징을 제시함으로써 학습자들에게 해당 소리를 알려 주는 단계이다.
- 보통 교사가 소리에 대한 분석과 설명을 한 후, 듣고 구별하기의 활동으로 진행한다.
- 교사는 학습자들에게 어떤 특정한 발음과 음운 규칙이 언제 어떻게 일어나는지에 대한 설명을 하고 규칙을 이해하게 한다.

2) 연습(Practice) 단계

- 학습 대상 언어의 발음을 모방하고 거기에서 더 나아가 새로 습득한 발음을 자신의 발음으로 고정시킬 수 있는 수준까지 이르도록 연습하는 단계이다.
- 다양한 단어 카드를 통해서 단어를 듣고 읽고, 쓰고 말하는 과정을 반복하여 여러 단어의 발음을 연습하게 한다.

- 비슷한 발음은 최소대립쌍[9]을 통해 차이를 인식하며 연습하게 한다.
- 중·고급 단계에서는 문장을 읽거나 긴 글을 읽으면서 그 안에 나오는 발음과 음운의 변동 현상에 대한 연습을 하게 한다.

3) 생산(Production) 단계
- 학생들이 배우고 연습한 발음을 유의미한 상황에서 직접 활용할 수 있도록 하는 단계이다. 연습 단계가 단순 반복을 통해 발음을 익히는 과정이라면 생산 단계는 실제적인 활용을 해 보는 단계이다.
- 간단한 문장을 소리내어 읽거나 단어를 읽은 후 다른 사람에게 전달하게 하는 활동 등을 통해 배운 단어를 실제로 발음할 수 있는 기회를 제공한다.
- 팀별로 특정 단어를 전달해서 마지막 팀원이 들은 단어를 말하거나 칠판에 쓰게 하는 등 게임을 통해 자연스러운 상황에서 소리를 듣고 발음하는 활동으로 진행할 수 있다.
- 중·고급 단계에서는 문장 내에서 음운 변동과 억양을 반영하여 말해볼 수 있도록 짧은 연극 대본에서 역할을 나누어 읽거나 드라마를 더빙하는 활동도 활용해 볼 수 있다.

---

9) 최소대립쌍은 단 하나의 소리가 달라짐으로써 의미가 서로 달라지는 관계의 단어 쌍을 말한다. 예 물-불-풀, 달-딸-탈

내용 확인하기

1. 단모음의 모음체계에서 빈칸에 들어갈 모음을 적어 보세요.

	전설(前舌)모음		후설(後舌)모음	
	평순(平脣)모음	원순(圓脣)모음	평순(平脣)모음	원순(圓脣)모음
고모음	ㅣ	(1)	ㅡ	(2)
중모음	(3)	ㅚ	ㅓ	ㅗ
저모음	ㅐ		(4)	

2. 한국어의 종성은 7개의 대표음으로 발음합니다. 7개의 대표음을 적어 보세요.

> 정답
> 1. (1) ㅟ (2) ㅜ (3) ㅔ (4) ㅏ
> 2. ㄱ, ㄴ, ㄷ, ㄹ, ㅁ, ㅂ, ㅇ

 더 생각해 보기

1. 주위의 외국인을 보면서 어떤 발음을 어려워하는지 살펴보고 해당 발음을 어떻게 고칠 수 있는지 생각해 봅시다.
2. 발음을 가르칠 때 활용할 수 있는 수업 도구나 영상 자료가 있는지 찾아 봅시다.

참고문헌

김미형(2019), 한국어발음교육론, 한국문화사.

박숙희(2013), 한국어발음교육론, 역락.

이영호(2019), 국민보급형 훈민정음 해례본, 달아실.

허용, 김선정(2006), 외국어로서의 한국어발음교육론, 박이정.

국립국어원 한국어어문규범 홈페이지 https://kornorms.korean.go.kr

5. 한국어 어휘 교육 방법

학습목표

1. 어휘 교육의 중요성에 대해 말할 수 있다.
2. 어휘 교육의 내용을 분석적으로 설명할 수 있다.
3. 한국어 어휘 교육 방법을 체계적으로 제시할 수 있다.

 생각해보기

1. 어휘 교육에서는 어떤 내용을 다루어야 할까요?
2. 어휘를 재미있게 공부한 경험을 떠올리며 어휘 교육 방법에 대해 생각해 봅시다.

5 한국어 어휘 교육 방법

1. 어휘 교육의 중요성

- 의사소통에서 어휘가 왜 중요할까?

어휘만 있는 경우	문법만 있는 경우
내용을 나타내는 어휘만으로 문장을 구성한 경우이다. 비문이기는 하지만 의미는 어느 정도 전달된다.	문법 요소만 나열할 경우 의미가 전혀 전달되지 않는다.

- 어휘는 의사소통의 내용을 구성하는 역할을 한다.
- 문법을 몰라도 어휘를 통해서 어느 정도의 내용은 전달할 수 있다.
- 풍부한 어휘 사용을 통해서 표현이 다양해지고 자신의 의도를 구체적으로 설명할 수 있다.

> **더 알아보기**
>
> **이해 어휘와 표현 어휘의 교육**
>
> - '이해 어휘'란 자신이 직접 사용하지는 못해도 그 의미나 용법을 아는 어휘를 말하며 '수동적 어휘', '획득 어휘'라고 한다. '표현 어휘'는 실제로 말하거나 쓰기에서 사용이 가능한 어휘를 말하며 '능동적 어휘', '발표 어휘'라고 한다. 일반적으로 표현 어휘의 양은 이해 어휘의 1/3 정도로 추정하고 있다.
> - 이해 어휘의 경우는 문맥에서 의미를 파악하는 정도면 되지만, 이해 어휘가 표현 어휘가 되기 위해서는 형태와 연어 관계, 그리고 문법적 관계까지 정확하게 알고 있어야 한다. 따라서 어휘 교육에서는 어휘의 의미를 가르치는 것에만 그치지 말고 연어 관계와 문법적 관계까지 바르게 사용하도록 지도해야 한다.

2 어휘 교육의 내용

- 어휘를 안다는 것은 무엇을 안다는 것인가? 어휘를 가르치려면 무엇을 가르쳐야 하는가?

1) 어휘의 형태

- 어휘를 아는 것은 어휘의 형태와 소리를 안다는 것을 의미한다.
- 말하기에서는 정확한 발음을 알아서 말할 수 있어야 하고 쓰기에서는 정확한 철자를 알아서 그 형태를 쓸 수 있어야 한다.

소리	형태
[sagwa]	사과

2) 어휘의 의미

- 어휘를 아는 것은 정확한 의미를 아는 것이다.
- 어휘의 의미는 사회, 문화에 따라 다르게 이해된다. 정확한 의미를 알기 위해서 때로는 해당 언어의 문화와 역사를 알 필요가 있다.

  예 1. 한국어로 겨울에 내리는 눈은 '눈' 하나로 표현되지만, 에스키모어에서는 'qana(내리는 눈)', 'piqsirpoq(쌓인 눈)', 'aput(바닥에 쌓여 있는 눈)', 'qimuqsuq(휘몰아치는 눈)'으로 구분된다.

  예 2. 한국어의 '시원하다'는 온도가 낮고 기분이 좋은 상태를 의미하기도 하지만 뜨거운 음식을 먹을 때 속이 풀리는 느낌을 의미하기도 한다.

  예 3. '제사', '차례'와 같은 어휘의 의미를 이해하기 위해서는 유교 중심의 한국 문화도 이해해야 한다.

- 정확한 의미 파악을 위해서 유의어와 반의어 등 어휘 간의 관계도 함께 알려 준다.

  예 1. '수리하다'의 의미를 정확하게 이해시키기 위해 '고치다', '수선하다' 등의 유의어와 비교하여 설명할 수 있다.

  예 2. '출금하다'의 의미를 정확하게 이해시키기 위해 '입금하다'와 같이 반의어와 비교하여 설명할 수 있다.

3) 연어(連語 ; collocation) 관계

- 어휘를 정확히 알기 위해서는 함께 쓰이는 표현도 알아야 한다. 비슷한 표현도 함께 쓰이는 어휘가 다른 경우가 많고 이에 따라 의미가 더 명확히 구분된다.

  예 1. '사랑'과 '정(情)'은 사전적인 의미로는 비슷해 보이지만 연어 관계를 보면 '사랑'이 정에 비해 능동적인 행위이며 '정'에 비해 더욱 다양하게 쓰이고 있는 것을 알 수 있다.

사랑/정 비교

어휘	사전적 의미	연어 관계
사랑	- 어떤 사람이나 존재를 몹시 아끼고 귀중히 여기는 마음. 또는 그런 일 - 어떤 사물이나 대상을 아끼고 소중히 여기거나 즐기는 마음. 또는 그런 일	- 사랑을 하다/ 사랑을 얻다/ 사랑이 불붙다/ 사랑이 식다 - 뜨거운 사랑/ 정신적 사랑/ 육체적 사랑/ 이웃 사랑/ 나라 사랑
정	- 느끼어 일어나는 마음 - 사랑이나 친근감을 느끼는 마음	- 정이 들다/ 정이 가다/ 정이 떨어지다/ 정을 느끼다 - 따뜻한 정

예 2. 한자어 중에서 같은 '참(參)' 자가 포함된 '참석하다, 참가하다, 참여하다'는 의미를 구분하기가 쉽지 않다. '참석하다'의 뜻풀이에 '참여하다'가 사용되기도 하고10) 뜻풀이가 서로 비슷하게 되어 있는 경우도 있다. 그러나 연어 관계를 보면 서로 다른 상황에서 사용된다는 것을 확인할 수 있다.

참석하다/참가하다/참여하다 비교

어휘	사전적 의미	연어 관계
참석(參席)하다	모임이나 회의 따위의 자리에 참여하다.	- 졸업식에 참석하다 - 결혼식에 참석하다
참가(參加)하다	모임이나 단체 또는 일에 관계하여 들어가다.	- 올림픽 경기에 참가하다 - 가수 오디션에 참가하다
참여(參與)하다	어떤 일에 끼어들어 관계하다.	- 봉사 활동에 참여하다 - 설문 조사에 참여하다

연어 관계를 보면, '참석하다'의 앞에는 졸업식이나 결혼식 등 공식적인 모임이 오는 경우가 많다. 즉, '참석하다'는 '석(席)'에서도 알 수

---

10) 국립국어원 표준국어대사전에서 '참석하다'를 검색하면 뜻풀이가 아래와 같이 나와 있다. 참석-하다(參席하다)「동사」모임이나 회의 따위의 자리에 참여하다.

있듯, 모임에 가서 좌석에 앉아 있는 행동을 뜻한다. 이에 반해 '참가하다'는 경기나 행사 등과 함께 쓰여 해당 경기나 행사에 적극적으로 가담하는 것으로 이해할 수 있다. 한편, '참여하다'는 여론 조사, 설문 조사, 봉사, 이벤트 등과 함께 자주 쓰이는데, '참석하다'나 '참가하다'가 직접 해당 장소에 가서 행동을 하는 것과 달리 '참여하다'는 직접 가지 않고 의견을 전하는 등의 간접적인 관여도 포함한다는 것을 알 수 있다.

4) 문법적 관계

- 어휘를 정확하게 사용하기 위해서는 문법적인 관계도 알아야 한다.
- 한국어에서는 어휘가 문장에서 차지하는 위치를 조사(助詞)를 통해 나타내므로 개별 어휘와 함께 사용되는 조사를 파악해 둘 필요가 있다.

  예 1. 한국어에서 '필요하다'는 형용사지만 영어의 'need'의 품사는 동사이다. 따라서 영어권 학습자들은 'I need money'를 직역해서 '나는 돈을 필요해요'라고 사용하는 경우가 있다. 그러므로 한국어의 '필요하다'는 형용사로서 '-이/가'와 함께 쓰이기 때문에 '나는 돈이 필요해요'로 사용해야 한다는 점을 강조해서 가르쳐야 한다.

  예 2. '나는 친구를 만났다'를 일본어로 번역하면 '私の友人に会った'로 일본어에서는 '만나다' 앞에 조사 'に(한국어의 '에'에 해당함)'를 사용한다. 따라서 일본어 학습자의 문장에서는 '나는 친구에 만났다'라는 오류가 빈번하게 발생하므로 '만나다' 앞에는 반드시 조사 '을/를'을 사용하도록 가르쳐야 한다.

- 그 밖에도 '~을/를 위해서', '~에 대해서', '~에 어울리다', '~에 맞다', '~와/과 다르다', '~와/과 비슷하다' 등도 오류가 많으므로 주의해서 가르쳐야 할 표현들이다.

더 연습해 보기

[질문] 다음 학생의 문장에서 틀린 부분을 찾아 바르게 고쳐 봅시다.

| 1) 나는 운동을 하고 나서 <u>소나기</u>를 했어요. | 2) 백화점에 갔는데 세일 옷이 <u>매진되었어요.</u> | 3) 머리가 아파서 약을 <u>마셨어요.</u> |

[정답 확인 및 지도 방법]

1) 나는 운동을 하고 나서 <u>소나기</u>를 했어요. ➡ <u>샤워</u>를 했어요.

※ 영어의 'shower'를 사전에서 찾으면 '샤워'와 '소나기'의 두 가지 뜻이 검색된다. 따라서 이 학생은 '샤워를 하다'를 쓰고 싶었지만 '소나기를 하다'로 잘못 사용한 것이다.

2) 백화점에 갔는데 세일 옷이 <u>매진되었어요.</u> ➡ <u>다 팔렸어요.</u>

※ '다 팔렸다'는 뜻으로 '매진되다'는 주로 영화표나 기차표, 콘서트 티켓 등 표를 살 때 사용된다. 따라서 일반적인 상품의 경우 '다 팔리다'를 쓰도록 알려준다.

3) 머리가 아파서 약을 <u>마셨어요.</u> ➡ <u>먹었어요.</u>

※ 영어에서 약은 'drink(마시다)'와 같이 사용되므로 한국어에서도 '약을 마시다'로 쓰는 오류가 종종 발견된다. 한국어에서는 '약을 먹다'로 사용한다고 알려준다.

3 어휘 교육의 방법

1) 교육용 어휘의 선정

- 어휘 교육을 위해서 우선, 교육용 어휘를 선정해야 한다. 교육용 어휘는 학습자의 수준과 학습 목적에 따라 단계별로 체계화해서 가르치는 것이 좋다.

- 교육용 어휘 선정은 사용 빈도와 난이도, 교육적 중요도 등을 고려해서 선정한다.
① 일상 생활에서 빈도가 높은 어휘에 우선 순위를 둔다.
  예) 인사, 음식, 쇼핑, 교통 등
② 학습자의 이용 가능성을 고려하여 중요도를 선정한다.
  예) 학습자들에게 친숙한 개념(공항, 여행, 공부 등)이나 구체적인 어휘를 우선적으로 가르친다.
③ 의미 영역이 넓은 어휘에 우선 순위를 둔다.
  예) '수리하다(집, 기계)', '수선하다(옷, 가방)' 보다는 두루 사용 가능한 '고치다'를 먼저 가르친다.
④ 문법이 간단한 어휘를 먼저 교육한다.
  예) '다르다→달라', '돕다→도와' 등으로 불규칙 활용을 하는 단어보다는 '먹다→먹어'와 같이 규칙 활용을 하는 단어를 먼저 가르친다.

한국어능력시험의 등급별 어휘 항목[11]

1급	2급
• 일상생활에 필요한 가장 기본적인 어휘 • 사적이고 친숙한 소재와 관련된 가장 기본적인 어휘 • 기본 인칭 및 지시대명사, 일반대명사 • 주변의 사물 이름 및 위치 관련 어휘 • 수와 셈 관련 어휘 • '크다', '작다' 등과 같은 기본적인 형용사 • '오다', '가다' 등과 같은 기본적인 동사 • 물건 사기, 주문하기 등 기본적인 생활과 관련된 기초 어휘	• 일상생활에 자주 사용되는 어휘 • 공공시설 이용시 자주 사용되는 기본적인 어휘 • '제주도', '민속촌' 등 자주 접사는 고유명사 • '깨끗하다', '조용하다', '복잡하다' 등 주변 상황을 나타내는 형용사 • '출발하다', '고치다' 등 일상생활에서 자주 사용하는 동사 • 우체국 이용, 회의 등 공적인 상황과 관련된 기본 어휘 • 약속, 계획, 여행, 건강과 관련된 어휘 • '자주, 가끔', '거의' 등 기본적인 빈도 부사

---

[11] 김왕규 외(2002) 참조.

3급	4급
• 일상생활에서 사용되는 대부분의 어휘 • 업무나 사회 현상과 관련된 기본적인 어휘 • 직장생활, 병원 이용, 은행 이용 등 빈번하게 접하는 공적인 상황에서 사용되는 기본적인 어휘 • '행복하다', '섭섭하다' 등 감정 표현 어휘 • '늘어나다', '위험하다' 등 사회 사회 현상과 관련된 간단한 어휘 • '참석하다', '찬성하다' 등 직장생활과 관련한 기본적인 어휘 • '장점', '절약' 등 기본적으니 한자어 • '생각이 나다', '버릇이 없다' 등 간단한 연어	• 일반적인 소재를 표현하는 데 필요한 추상적인 어휘 • 직장에서 일상적인 업무를 수행하는 데 필요한 어휘 • 신문 기사 등에 자주 등장하는 어휘 • 빈도가 높은 관용어와 속담 • 자연, 풍습, 문화, 사고방식, 경제, 과학, 예술, 종교 등 일반적인 사회현상과 관련한 핵심적인 어휘
5급	6급
• 사회 현상을 표현하는 데 필요한 추상적인 어휘 • 직장에서 특정 영역과 관련한 기본적인 어휘 • 세부적인 의미를 표현하는 어휘(아프다:결리다, 노랗다:누르스름하다) • 자주 쓰이는 시사용어 • '이데올로기', '매스컴' 등 사회의 특정 영역에서 자주 쓰이는 외래어 • 일반적으로 사용되는 관용어와 속담	• 사회 현상을 표현하는 데 필요한 추상적인 어휘 • 널리 알려진 방언, 자주 쓰이는 약어, 은어, 속어 • 사회 각 영역과 관련하여 널리 쓰이고 있는 전문 용어 • 복잡한 의미를 갖는 속담이나 관용어

 더 알아보기

한국어 수준별 어휘 목록 찾기

- '국제 통용 한국어 표준 교육 과정 적용 연구(2017)'는 전 세계에서 이루어지는 한국어 교육의 표준화 작업을 위하여 2010년부터 진행한 연구로서, 초급, 중급, 고급의 주제와 기능, 어휘, 문법 등을 정리한 연구보고서이다.
- 보고서 전문과 등급별 어휘 및 문법 목록을 확인하려면 국립국어원 홈페이지 (www.korean.go.kr)➡자료➡연구보고서에서 '국제 통용'으로 검색하면 보고서 전문과 수준별 어휘 및 문법 목록 파일을 내려받을 수 있다.

2) 어휘 제시 방법

- 어휘의 형태와 의미, 그리고 어휘와 관련된 정보를 설명하는 방법도 다양하다. 대표적인 방법 두 가지를 소개하고자 한다.

(1) 연역적 제시 방법

- 어휘에 관한 형태적, 의미적 정보를 먼저 제공한 후, 이를 자신의 상황에 맞게 활용하게 하는 방법이다.

① 어휘 형태 제시

- 칠판에 쓰거나 어휘 카드를 이용하여 형태를 보여주고 발음을 따라하게 한다. 해당 어휘와 관련된 어휘나 연어 관계, 문법적인 관계도 함께 알려준다.

> **병원**
> - 병원에 가다
> - 개인 병원, 종합 병원
> - 의사, 간호사, 약국

② 어휘 의미 제시

가. 그림이나 사진, 모형, 실물 등 시각 자료나 동작을 통해서 어휘 의미를 알려 준다.

나. 뜻풀이, 설명, 연상을 통해 의미를 알려 준다. 단, 사전의 정의를 그대로 읽지 말고 학습자가 이해할 수 있는 표현으로 풀어서 설명해 준다.

예 T: 몸이 아플 때 가는 곳이에요. 병을 낫게 해요. 병원이에요.

다. 문맥을 활용해서 의미를 알려 준다.

　　예 T: 저는 어제부터 배가 많이 아파요. 약을 먹었어요. 그런데 계속 아파요. 그럼 어디에 가요? 병원에 가요.

라. 모국어로 번역해서 의미를 알려 준다.

　　예 T: 병원이 뭐예요? 영어로 'hospital'이에요.

- 위의 여러 방법이 어휘 의미를 제시하는 데에 도움이 되지만 그림이나 사진 혹은 모국어 번역 등은 학습자가 가지고 있는 배경지식이나 선입관 혹은 문화적 차이로 인해 다른 의미로 받아들일 수 있으므로 주의해서 활용해야 한다. 의미 제시 후 학습자들이 바르게 이해했는지 확인하는 과정이 반드시 필요하다.

③ 배운 어휘의 확인 및 활용
- 질문, 응답을 통해서 어휘의 의미의 이해 여부, 활용 가능성 등을 확인한다.

　　예 T: 여러분은 언제 병원에 갔어요? 어디가 아팠어요? 병원에서 무엇을 했어요?

(2) 귀납적 제시 방법
- 자신의 상황에서 알고 있는 어휘를 끌어내어 이를 상위 항목으로 분류해 보도록 하는 방법이다.
- 학생들이 어느 정도 어휘를 알고 있는 상황에서 활용 가능하다.
① 학생들이 알고 있는 어휘를 확인한다.

　　예 T: 요즘 날씨가 어때요?

② 어휘와 관련된 어휘들로 확장을 한다.

　　예 이렇게 더운 날씨에는 무엇을 해요?

③ 상위 의미로 분류화하는 작업을 한다.

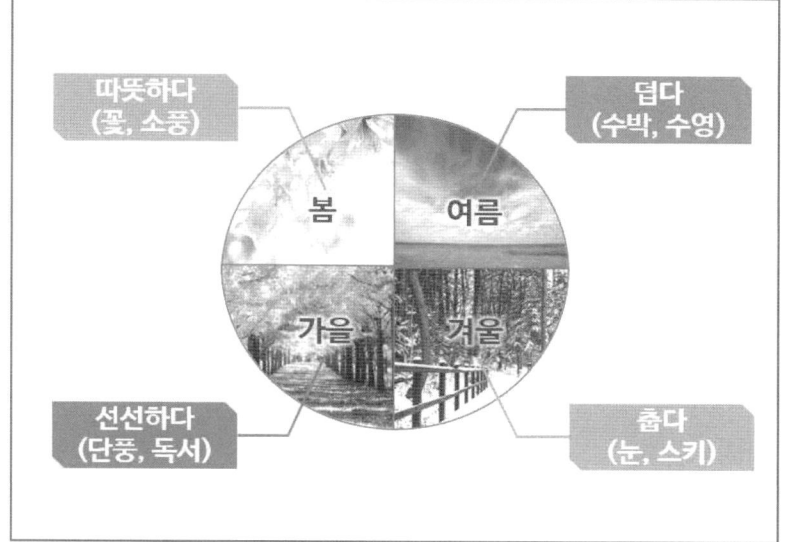

3) 어휘 연습 방법

- 어휘의 이해도를 파악하고 어휘를 확장하며 해당 어휘에 익숙해지도록 다양한 연습을 할 수 있다.

(1) 체계적 어휘 연습 방법

① 정의/설명에 맞는 어휘 고르기

예시

※ 단어에 맞는 설명을 연결하세요

학교 •		• 물건을 팝니다.
병원 •		• 책을 빌려 줍니다.
가게 •		• 학생들이 공부합니다.
도서관 •		• 환자를 치료합니다.
공원 •		• 사람들이 쉽니다.

② 어휘 분류하기

예시

※ [보기]에서 관계있는 단어를 찾아 적어 보세요.

[보기]
봄, 티셔츠, 치마, 여름, 축구, 원피스, 가을, 겨울, 비빔밥, 농구, 불고기, 탁구, 김치, 라면, 수영, 바지

계 절:　　봄　　_____　_____　_____

옷 :　　바 지　_____　_____　_____

음 식:　　비빔밥　_____　_____　_____

운 동:　　축 구　_____　_____　_____

③ 단어 연결하기(유의어, 반의어, 연어 등 어휘 관계 연습)

예시

※ 어울리는 것과 연결하세요.

축구 •

　　　　　　　　　　• 타다

테니스 •

　　　　　　　　　　• 치다

야구 •

　　　　　　　　　　• 하다

스키 •

④ 문장 완성하기(문장 내 어휘 사용 연습)

예시

※ [보기]에서 알맞은 단어를 골라 ( ) 안에 쓰세요.

[보기]   축구   정장   여름   사과

1. 더운 (   )에는 아이스크림을 먹어요.
2. 운동 중에서 (   )이/가 제일 재미있어요.
3. 오늘은 회의가 있어서 (   )을/를 입었어요.
4. 저는 (   )을/를 좋아해서 매일 한 개씩 먹어요.

(2) 자유로운 어휘 연습 방법

① 끝말잇기
 - 단어의 끝음절을 이어서 단어를 말한다.
   예 책상➡상자➡자전거➡거미...
 - 'ㄴ'이나 'ㄹ'로 시작해야 할 경우에는 두음법칙을 적용하여 'ㅇ'으로 시작하는 경우도 허용한다.
   예 저녁➡역사

② 초성 퀴즈
 - 교사가 제시하는 초성으로 시작하는 단어를 생각하는 대로 말한다.
   예 ㄱㅅ : 가수, 가사, 고생, 기상...
 - 개별 대항이나 팀별 대항으로 게임 형식으로 진행할 수 있다.

③ 스무 고개 게임
 - 한 학생이 하나의 단어를 생각하게 하고 다른 학생들은 그 학생에게 '네/아니오'로 대답할 수 있는 질문을 하면서 단어를 유추해 나간다.
 - 질문은 보통 스무 개까지 허용하지만 너무 길다고 생각될 경우

질문의 개수를 줄일 수도 있다.

　　예) 그것은 동물입니까? 그것은 다리가 네 개입니까? 색이 흰색입니까?

④ 단어 설명 듣고 맞추기
- 일명 '스피드 퀴즈'라고 불리는 퀴즈로 교사가 수업 중에 배운 단어를 종이에 적어서 한 장씩 넘기면, 팀별로 한 명은 해당 단어를 설명하고 한 명(혹은 한 팀)은 그 단어가 무엇인지 맞추는 활동이다.
- 단어를 설명할 때는 가급적 한국어로만 말하게 한다.
- 짝활동 혹은 팀활동으로 하여 게임 형식으로 진행할 수 있다.

⑤ 어휘 카드를 연결해서 문장 만들기
- 수업 중 배운 단어를 종이에 적어서 박스에 담거나 단어가 보이지 않게 뒤집어서 책상 위에 늘어놓는다. 학생들은 그 중 3~4개의 단어를 뽑아서 의미가 연결되도록 문장을 만든다.
- 가급적 명사와 동사는 따로 구분해 두어서 명사와 동사를 골고루 뽑을 수 있게 한다.
- 학습자의 수준에 따라 뽑는 카드 수를 조정하여 단문을 만들게 할 수도 있고 동사를 두 개 이상 뽑아서 복문을 만들게 할 수도 있다.

⑥ 핵심어로 이야기 만들기
- 단어 카드 몇 개를 뽑거나 핵심어를 제시한 후 자유롭게 이야기를 만들도록 한다.
- 단어 간에 상관성이 적으면 적을수록 더 많은 표현을 사용해서 이야기를 이어갈 수 있기 때문에 수준에 따른 난이도 조절이 가능하다.

⑦ 읽기 책에서 핵심 어휘 찾기
- 읽기 텍스트의 주제를 파악하고 어휘력을 늘리기 위해서 하는 활동으로, 읽기 텍스트에서 핵심이 되는 어휘를 찾거나 모르는 어휘를 찾아서 뜻을 확인하는 연습이다.

- 통제된 어휘 학습이 아니므로 학습자의 어휘력 또는 독해 수준에 따라 선택하는 어휘가 달라 어휘 확장을 위한 연습으로 활용할 수 있다.

 더 알아보기

한국어 교사를 위한 어휘 교수 참고 자료

1. 국립국어원 표준국어대사전(https://stdict.korean.go.kr/)
- 국립국어원의 표준국어대사전은 어문규정을 기반으로 하여 편찬된 사전으로 표준어와 띄어쓰기 및 어문규정에 기반한 의미와 사용을 확인하고자 할 때 도움을 받을 수 있는 기본적인 사전이다.

2. 국립국어원 한국어교수학습샘터(https://kcenter.korean.go.kr/)
- 국립국어원에서 한국어 교원들에게 필요한 자료와 교육 자료를 제공하는 사이트로, 한국어 어휘의 의미뿐 아니라 교육을 위한 등급과 유의어, 반의어 및 연어 관계, 관용어 정보 등 한국어 교육을 위한 다양한 정보를 제공한다.

더 알아보기

한국어 학습자를 위한 어휘 학습 자료

1. 국립국어원 한국어기초사전 / 한국어-외국어 학습 사전
   (https://krdict.korean.go.kr/)
   - 한국어기초사전은 한국어 학습자와 교사를 위해 만든 쉬운 사전으로 5만여 단어가 실려 있다. 한국어-외국어 학습 사전은 한국어기초사전의 내용을 11개의 언어로 번역한 사전으로 초급 학습자에게 유용하다.

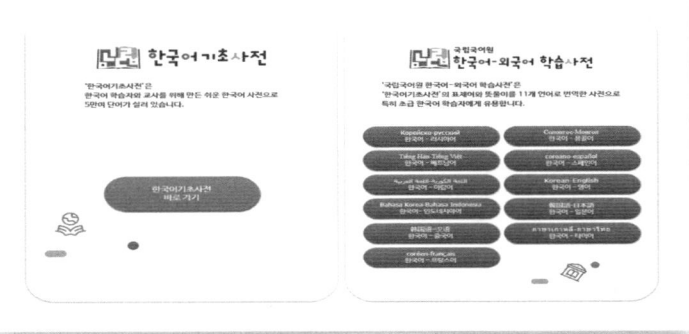

2. 세종학당 어휘학습 초급 중급 애플리케이션
   - 초급과 중급의 어휘를 발음과 의미, 그리고 다양한 게임을 통해 확인할 수 있는 애플리케이션이다.

내용 확인하기

1. 교육용 어휘를 정할 때 고려해야 할 요소들을 적어 보세요.

2. 어휘의 제시 방법으로 적당하지 않은 것을 고르세요.
   ① 그림을 보여준다.
   ② 문맥 속에서 설명한다.
   ③ 사전의 뜻을 읽어준다.
   ④ 쉬운 말로 풀어서 설명한다.

> 정답
> 1. 빈도, 난이도, 중요도
> 2. ③

 더 생각해 보기

1. 여러분은 다음의 어휘 의미를 학생들에게 가르칠 때 어떻게 의미를 제시하겠습니까? 여러분의 생각을 말해 보십시오.(지금 사진이나 그림, 실물을 가지고 있지 않습니다.)
   (1) 인삼 (2) 튼튼하다
2. 어휘를 재미있게 연습할 수 있는 방법으로 어떤 활동이 있을지 생각해 봅시다.

참고문헌

강현화(2021), 한국어어휘교육론, 한글파크.

곽지영 외(2021), 한국어 교수법의 실제, 연세대학교 대학출판문화원.

김왕규 외(2002), 한국어능력시험의 평가기준 개발 연구, 한국교육과정평가원.

김중섭 외(2017), 국제 통용 한국어 표준 교육 과정 적용 연구, 국립국어원.

서울대학교 한국어문학연구소 외(2012), 한국어교육의 이론과 실제2, 아카넷.

허용 외(2009), 외국어로서의 한국어교육학개론, 박이정.

국립국어원 표준국어대사전 https://stdict.korean.go.kr/

국립국어원 한국어교수학습샘터 https://kcenter.korean.go.kr/

국립국어원 한국어기초사전 https://krdict.korean.go.kr/

6. 한국어 문법 교육 방법

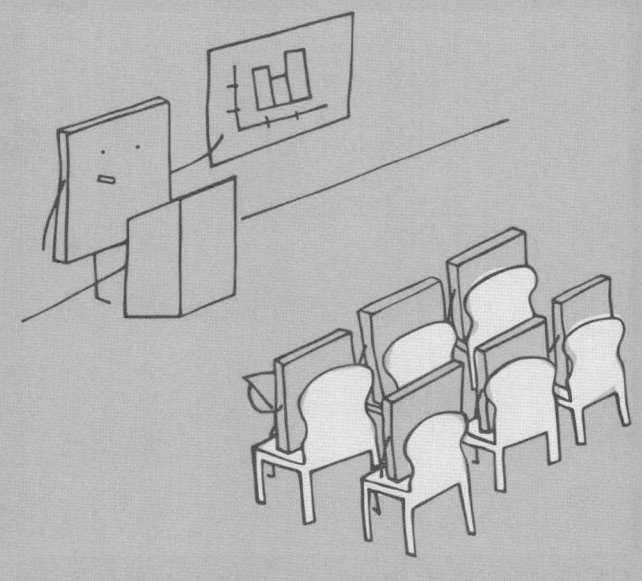

학습목표

1. 한국어 문법 교육의 필요성을 말할 수 있다.
2. 한국어 문법 교육의 원리를 설명할 수 있다.
3. 문법 항목에 대한 교육 방법을 단계적으로 기술할 수 있다.

 생각해보기

1. 문법 교육은 왜 필요할까요?
2. 문법을 어떤 순서로 가르치는 것이 좋을까요?

6 한국어 문법 교육 방법

1 문법 교육의 필요성

1) 문법 교육의 중요성
- 한국어 교육에서 문법은 왜 중요할까?
- 같은 단어를 가지고 만들 수 있는 문장은 무궁무진하다. 그 이유는 각 단어의 관계를 어떻게 연결하느냐에 따라 문장의 의미가 달라지기 때문이다.

> **예시**
>
> 철수   영희   빵   사다   먹다
>
> (1) 철수는 영희와 빵을 사다가 먹었다.
> (2) 철수는 영희에게 빵을 사서 먹였다.
> (3) 철수와 영희는 빵을 샀지만 먹지 않았다.
> (4) 철수와 영희는 빵을 사지 않고 먹기만 했다.
> (5) 철수에게 영희가 빵을 사서 먹으라고 했다.

- 위에서 볼 수 있듯, 문법은 어휘의 관계를 규정하고 다양한 의미를 표현하는 데 필수적인 요소이다.

2) 문법 교육의 필요성

- 언어 교수 방법론 중에서 문법을 가르칠 필요가 없다는 주장과 명시적 문법 교육이 필요하다고 보는 의견이 팽팽하게 유지되어 오고 있다.
- 문법 교육 무용론의 입장은 문법 교육이 의사소통 능력을 신장시키는 데에 크게 기여하지 못한다는 입장이며 언어는 자연스럽게 습득된다고 믿는다.
- 문법 교육의 유용론의 입장은 의사소통의 유창성을 위해서는 무조건 말을 하고 보는 것이 아니라 음성, 형태, 통사, 의미, 화용적 측면에서 적절성과 정확성이 갖추어져야 한다고 본다.

 더 알아보기

언어 교수 이론과 문법관

1. 문법 교육의 무용론

1) 직접 교수법 (Direct Method)
- 문법은 직접적으로 가르치는 것이 아니라, 목표 언어를 실제 사용하면서 학습하도록 해야 한다. 문법 설명 없이 반복적인 듣기와 말하기를 통해 자연스럽게 언어 규칙을 습득하게 한다.(대표 학자: Charles Berlitz)

2) 자연 접근법 (Natural Approach)
- 언어 학습은 아동이 모국어를 배우는 과정과 유사해야 하며, 문법을 직접적으로 가르칠 필요 없이 이해 가능한 입력(comprehensible input)에 노출시키는 것이 중요하다.(대표 학자: Stephen Krashen & Tracy Terrell)

3) 의사소통 중심 교수법 (Communicative Language Teaching, CLT)
- 문법 규칙을 직접적으로 가르치기보다, 학습자가 실제 의사소통을 통해 자연스럽게 문법을 익히도록 해야 한다. 의미 전달이 중요한 요소이며, 문법보다 유창성이 우선시된다.(대표 학자: Dell Hymes, Michael Canale & Merrill Swain)

4) 총체적 교수법 (Whole Language Approach)
- 문법을 개별적으로 가르치는 것이 아니라, 읽기, 쓰기, 듣기, 말하기를 통합적으로 학습하는 과정에서 문법을 자연스럽게 습득하게 한다.(대표 학자: Kenneth S. Goodman)

5) 암시적 교수법 (Suggestopedia)
- 문법을 직접 가르치기보다는 음악, 예술 등을 통한 암시적 학습을 활용하여 학습자가 스트레스 없이 언어를 자연스럽게 습득하도록 유도해야 한다.(대표 학자: Georgi Lozanov)

2. 문법 교육의 유용론

1) 문법 번역식 교수법 (Grammar-Translation Method, GTM)
- 문법 규칙을 명시적으로 가르치고, 번역과 문법 분석을 통해 언어를 학습시켜야 한다. 언어의 정확성한 사용이 중요하며, 모국어를 사용하여 문법을 설명하는 것이 효과적이다.(대표 학자: 전통적인 고전어(라틴어, 그리스어) 교육에서 발전)
- 문법 규칙을 먼저 배우고, 이후 예문을 통해 적용한다.
- 문장을 번역하는 활동을 중점적으로 활용한다.
- 말하기보다는 읽기와 쓰기를 강조한다.

2) 청각구두식 교수법 (Audio-Lingual Method, ALM)
- 문법은 반복적인 패턴 연습(drills)을 통해 습득되어야 하며, 문법 학습은 필수적이다. 구조적 습관 형성(Structural Habit Formation)이 핵심 개념이다.(대표 학자: B. F. Skinner(행동주의 심리학), Charles C. Fries(구조주의 언어학))
- 문법 규칙을 먼저 제시하고 패턴 연습을 통해 체득한다.
- 모방과 반복(drill)을 강조하여 학습자에게 정확한 문법 사용을 습관화한다.
- 모국어 사용을 최소화하고, 목표 언어로 연습한다.

> 3) 인지적 접근법 (Cognitive Approach)
> - 학습자는 언어 규칙을 명시적으로 이해해야 하며, 문법 지식이 언어 사용의 중요한 기반이 된다. 따라서 학습자가 문법 규칙을 인지적으로 습득하고 적용하는 과정이 필요하다.(대표 학자: Noam Chomsky(생성 문법), John Anderson(인지 심리학))
> - 문법을 명시적으로 설명한 후, 학습자가 스스로 언어를 적용하도록 유도한다.
> - 단순 반복이 아니라 이해를 통한 학습이 강조된다.
> - 규칙을 먼저 배우고, 이후 의미 있는 문맥에서 사용하도록 연습한다.
>
> 4) 명시적 교수법 (Explicit Instruction)
> - 문법 학습은 명시적으로 이루어져야 하며, 학습자가 문법 규칙을 정확하게 배우고 적용할 수 있도록 해야 한다. 명확한 설명과 피드백이 중요하다.(대표 학자: Rod Ellis)
> - 교사가 문법 규칙을 직접 가르친 후, 연습 활동을 통해 적용한다.
> - 문법 설명, 예문 분석, 연습 문제 풀이 등이 포함된다.
> - 언어 규칙을 논리적으로 이해한 후 실습을 통해 자동화한다.

- 최근 한국어 교육계에서는 문법 교육을 독립된 학습 내용이라기보다는 의사소통 능력의 일부로서 인식하며, 문법 교육은 의사소통능력 신장에 기여하는 방향으로 이루어져야 한다고 본다.
- 의사소통의 일부로서 문법 교육이 필요한 이유를 살펴보기로 한다.

(1) 정확한 의사소통을 가능하게 함
- 문법 요소가 없으면 문장을 구성하는 규칙이 없어, 의미 전달이 모호해지거나 의도하지 않은 오해가 발생할 수 있으므로 문법을 통해 정확한 의사소통이 가능해진다.
- 즉, 문법은 언어의 체계를 형성하며, 이를 통해 정확한 의미 전달이 가능하다.
  - 예 '나 영희 선물 주다'라고 했을 때 내가 영희에게 선물을 준다는 것인지, 나에게 영희가 선물을 준다는 것인지 명확하지 않다.

(2) 유창성과 정확성 향상에 기여
- 문법 학습은 단순히 문장을 이해하는 것뿐만 아니라, 학습자가 유창하게 말하고 쓰는 데에도 도움을 준다.
- 문법을 아는 학습자는 새로운 문장을 만들어 낼 수 있으며, 특정한 문법 구조를 빠르게 적용할 수 있다.

(3) 읽기 및 쓰기 능력 향상
- 문법을 알면 문장의 구조를 분석하여 글을 더욱 쉽게 이해할 수 있으며, 이에 따라 논리적이고 체계적인 글쓰기가 가능해진다.
- 따라서 문법은 읽기와 쓰기 능력 개발에 필수적인 능력이다.

(4) 언어 전이(Transfer)와 문제 해결 능력 향상
- 문법 학습은 언어적 문제 해결 능력을 향상시키는 인지적 과정이다.
- 문법 규칙을 익히면, 이를 바탕으로 새로운 언어 규칙을 쉽게 배우고 적용할 수 있다.
  예) 한국어의 종결어미 '-어요/아요/여요'의 사용 규칙을 알면 과거시제 선어말어미 '-었/았/였'이나 연결어미 '-어서/아서/여서'와 같이 유사한 문법 패턴을 쉽게 익힐 수 있다.

(5) 외국어/제2언어 학습에서 문법 학습은 필수적임
- 모국어 습득 과정과는 달리, 외국어/제2언어 학습자는 문법 규칙을 명시적으로 배울 때 더 효과적으로 학습할 수 있다.
- 학습자의 연령과 학습 환경에 따라 문법 학습 방식이 달라질 수 있으나 문법을 완전히 배제할 수 없으며, 체계적인 문법 교육이 효과적인 학습을 촉진한다는 연구들이 많다.

(6) 오류 문법의 화석화(化石化, fossilization) 방지
- 외국어 학습 도중에 잘못된 언어 사용이 굳어지는 현상을 화석화 현상이라고 한다. 그때 문법 교육을 통해서 자신의 잘못된 표현을 찾아내고 수정할 수 있는 능력이 생겨난다.

2 문법 교육의 원리

1) 교육용 문법 항목의 선정 원리
- 한국어 교육에서는 한국어 구사 능력에 따라 한국어의 문법을 단계화하여 가르친다.
- 한국어 교육용 문법은 빈도, 문법 항목의 복잡도, 학습의 난이도, 활용성, 교수·학습의 용이성 등을 고려하여 선정한다.
- 문법 항목의 지도 순서는 단순한 것, 학습하기가 쉬운 것, 빈도가 높은 것부터 차례로 배열되어야 한다.

한국어 수준별 문법 항목

구분	문법 수준	문법 항목의 예
초급	• 격조사 • 보조사(일부) • 간단한 종결어미 • 기본적인 연결 어미 • 높임 표현 • 불규칙활용 • 시제, 추측, 경험 등을 나타내는 표현 일부	• 이/가, 을/를, 와/과, 에, 에서, 으로 • 도, 만, 한테 • -습니까? -읍시다, -어요 • -고, -어서, -으니까, -는데 • -으시- • ㅂ(덥다-)더워), ㄷ(듣다-)들어) • -었-, -겠--, -어 보다, -은 적이 있다
중급	• 보조사 • 간접화법 표현 • 이유나 조건 등을 나타내는 복합 연결어미 • 감정이나 추측 등을 표현하는 복합 표현	• 만큼, 같이, 대로 • -라고/냐고/자고 하다 • -으려면, -는다면, -로 인해 • -은다면서요?, -은 모양이다
고급	• 다양한 보조사 및 복합 조사 • 여러 문법적 요소가 결합된 복합 표현 • 문어적 표현 • 고어적 표현 등	• 따라, 조차, 깨나, 을랑, 이라면 • -노라면, -는 말할 것도 • -을뿐더러, -고말고, -게 마련이다, -을 법하다 • -구려, -오, -소, -게

> **더 알아보기**
>
> **한국어 수준별 문법 목록 찾기**
>
> - '국제 통용 한국어 표준 교육 과정 적용 연구(2017)'는 전 세계에서 이루어지는 한국어 교육의 표준화 작업을 위하여 2010년부터 진행한 연구로서, 초급, 중급, 고급의 주제와 기능, 어휘, 문법 등을 정리한 연구보고서이다.
> - 보고서 전문과 등급별 문법 목록을 확인하려면 국립국어원 홈페이지(www.korean.go.kr) ➡자료➡연구보고서에서 '국제 통용'으로 검색하면 된다.

2) 한국어 문법 교육의 일반 원리

- 한국어 문법 교육은 국어 문법 교육과 목표가 다르다.
- 국어 문법 교육은 한국어의 규칙성을 이해하고 한국어를 발전시키는 것이라면 한국어 문법 교육은 문법 요소의 활용을 통한 의사소통의 발달에 목적이 있으므로 학습자의 인지적 직관이 논리적인 체계성보다 우선해야 한다.

(1) 학습자 수준으로 낮추어서 제시

- 문법 용어의 사용을 가급적 자제한다.
    - 예) 필요에 따라 조사, 어미, 동사, 형용사, 명사 등은 가능하지만, 본용언과 보조용언, 선어말어미 등 전문적인 문법 용어는 사용을 자제하도록 한다.
- 복잡하고 추상적인 분류는 다루지 않는 것이 좋다
    - 예) 과거, 미래, 추측, 대조 정도는 사용하더라도 도입, 전환, 가정 등의 추상적인 개념은 사용하지 않도록 한다.

(2) 문법 연습 과정과 언어 기능을 결합하여 제시

- 문법을 이해하는 단계에서 사용(표현)할 수 있는 단계로 나아가야 하므로, 의사소통을 위한 말하기, 듣기, 읽기, 쓰기와 연계해서

수업을 해야 한다.
   예 1. '(이)나'를 공부한 후 친구에게 줄 선물을 제안하는 활동을 한다.
   예 2. '-을까요?'를 공부한 후 교통 수단을 이용하는 연습을 한다.

(3) 학습자의 숙달도 단계에 맞추어 제시
   - 문법 항목 간의 인지적인 선후 관계와 학습자의 언어적 발달 단계에 맞추어 문법 항목을 제시한다.
     예 1. 현재, 과거, 미래 등 '시제'와 관련된 표현을 가르친 후에 '-어 보다'와 같은 '경험'의 의미를 가진 표현을 가르친다.
     예 2. '시제'와 '관형사형 어미'를 지도한 후, 두 가지 의미를 포함하고 있는 '-던'을 가르친다.

(4) 단순하고 간략하게 제시
   - 하나의 형태에 여러 의미와 기능이 담겨 있는 경우 모든 의미나 기능을 모두 제공하지 말고 순차적으로 하나씩 제시한다.
     예 '에': 위치, 시간, 목표지, 단위, 원인의 의미를 단계별로 제시한다.

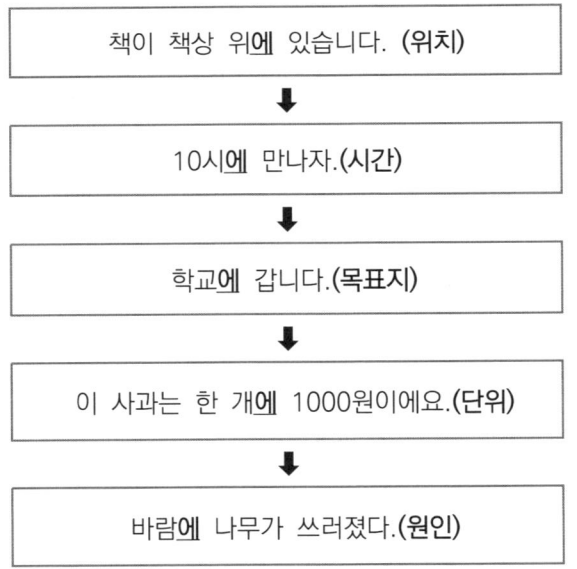

3 문법 교육의 방법

1) 문법 교수 모형
- 문법 교수 방법은 교수-학습 이론의 발전 과정에 따라 다양하게 발전해 왔다.

(1) 문법 교수의 이론적 모형
① 연역적 교육 방법과 귀납적 교육 방법
- 연역적 교육 방법은 문법 규칙을 먼저 제시하고 실제 상황에 적용하도록 하는 방법이다.
- 귀납적 교육 방법은 언어 자료에서 규칙을 찾아나가도록 안내하는 방법이다.

연역적 문법 교육 방법과 귀납적 문법 교육 방법의 비교

	연역적 방법	귀납적 방법
특징	규칙을 먼저 제시하면서 언어 자료를 설명한 후 이를 예에 적용시켜 나가는 방법	언어 자료로부터 학습자 스스로가 규칙을 발견해 나가는 방법
장점	학습 시간 단축, 학습자의 노력 절약	학습자가 선호하는 주제의 수업 가능, 학습 동기 유발
단점	문법을 주입식으로 제시하여 흥미가 감소될 가능성	규칙 발견에 시간이 소요, 일시적으로 잘못된 추론으로 인한 오류 양산 가능성

② 결과 중심 교육 방법과 과정 중심 교육 방법
- 결과 중심 교육 방법은 문법 지식의 정확한 전달과 정확한 사용을 중시하는 방법이다.
- 과정 중심 방법은 학습자의 참여를 통한 점진적 성장을 중시하는 교육 방법이다.

③ 제시 훈련 모형(PPP: Presentation-Practice-Product)과 과제 훈련 모형(Task-Teach-Task)
- PPP 모형은 교사의 제시와 연습, 생산 과정을 통해서 이해와 연습, 그리고 사용이 체계적으로 진행되도록 하는 수업 모형이다.
- TTT 모형은 과제를 제시하고 과제를 해결하기 위한 방법으로서 문법을 가르친 후, 다시 과제를 수행하도록 하는 모형이다.

(2) 문법 교수 모형의 활용
- 문법 교수 모형에서 연역적 방법과 결과 중심 교육 방법은 맥을 같이 하며 대표적인 수업 모형이 PPP 훈련 모형이다. 이러한 방법의 문법 수업에서는 학습자가 문법을 정확하게 이해하고 사용하도록 교사가 전체적으로 수업을 조직하고 이끌어 나간다.
- 귀납적 교육 방법은 과정 중심 수업으로 이루어지며 대표적인 수업 모형은 TTT 모형이다. 여기서는 문법을 교사가 일방적으로 전달하기보다는 학습자가 실제 언어 상황에서 자연스럽게 언어적 규칙을 찾아낼 수 있도록 교사가 안내해 주는 역할을 강조한다.
- 문법 교수 방법은 학습자의 연령이나 학습 목적 등에 따라 적절한 방식을 선택하여 진행할 수 있다. 언어의 정확성이 중요시되는 학문 목적 학습자나 성인 학습자들에게는 연역적 교수 방법이 적절하고, 한국에서 생활을 하는 결혼 이주 여성이나 아동 학습자들에게는 귀납적 교수 방법을 통해 실제 언어 교육 현장에서 문법을 습득하도록 하는 방법이 보다 효과적일 수 있다.

2) PPP 모형의 중심의 수업 진행 과정
- 성인 중심의 한국어 교육 기관에서 주로 사용하는 PPP 문법 수업 모형에 근거하여 문법 수업 진행 과정을 소개하고자 한다.

PPP 모형의 문법 수업 진행 단계[12]

단계	특징
도입	-학습 목표를 도입하고 학습자를 동기화시킴. -전형적인 맥락을 통하여 학습자가 의미와 기능을 유추해 보도록 함.
제시 설명	-목표 문법 항목의 기능과 의미를 이해시키는 단계
연습	-문법 규칙을 다양한 연습을 통해 내재화 하는 단계 -특정 문법에 초점을 두고 연습
생산 (또는 활용)	-담화 단위에서 의사소통적 상황에 맞게 연습하는 단계 -특정 문법에 초점을 두지 않고 상황 중심으로 연습
마무리	-교육 내용을 정리하고 성취도를 확인하는 단계 -보충 설명 혹은 숙제 부여

(1) 도입 단계

- 교사가 학습자에게 목표 문법을 자연스럽게 노출하여 목표 문법의 의미를 유추할 수 있게 하는 단계이다. 대개 교사는 목표 문법의 의미를 유추할 수 있는 질문을 하고 학습자가 자신의 방식으로 답을 하면 교사는 자연스럽게 목표 문법을 이용하여 문장을 다시 말해주는 방식으로 도입한다.

① 대화로 도입하기

> **예시**
> -(으)러 -에 가요.
> 교사: 어디 가요?
> 학생: 종로에 가요.
> 교사: 종로에 왜 가요?
> 학생: 거기서 친구를 만나요.
> 교사: 아, 친구를 만나러 명동에 가요.

---

[12] 산업인력공단에서 실시하는 한국어교육능력검정시험(한국어 교원 3급 취득용)의 교안 작성 문제에서는 '제시, 연습' 부분을 작성하도록 하고, 한국어교육실습의 모의수업용 교안이나 한국어 강사 채용을 위한 문법 교안 제출 시 대부분 '도입-제시-연습-활용-마무리' 형식의 교안을 작성하도록 한다. 또한 많은 한국어 교육 기관의 문법 수업 순서가 이와 같이 진행되므로 각 단계에서 진행되는 수업 내용을 잘 알아둘 필요가 있다.

② 사진/그림 자료로 도입하기

예시 -은가/나 봐요.

교사: 날씨가 어떤 것 같아요?
학생: 비가 와요.
교사: 네, 비가 와요.
      어떻게 알아요?
      사람들이 우산을 쓰고 있어요. 비가 오나 봐요.

(2) 제시 단계
  - 목표 문법의 형태를 보여 주고, 기능과 의미를 이해시키는 단계이다. 판서 또는 PPT 슬라이드 등을 통해 제시한다.

① 문법(문형13))의 형태 제시
  - 변하지 않는 고정부와 변하는 부분(활용부)를 시각적으로 구분되도록 제시한다.
   - 조사나 어미의 경우, 선행 요소에 따라 형태가 달라짐에 유의하여 제시한다. 예 받침 × ➡ 가(의자가), 받침 ○ ➡ 이(책상이)
   - 종결형의 경우, 기본형보다는 실제로 발화 가능한 완전한 문장으로 제시하는 것이 좋다. 예 은가 보다: ×, 은가 봐요: ○

---

13) 문형이란 학습자가 자신의 생각을 도입하여 완전한 문장으로 생성할 수 있게 하는 발화의 기본 골격으로 형태소('은', 을, -어서' 등), 복합 표현('-을 거예요, -기는 하지만'), 문법 청크(-다고 해서 -는 것은 아니에요, -는 걸 보니까 -는 모양이에요.), 대화 쌍(가: -지요? 나: -는군요.) 등을 포함한다. 주로 한국어 교육 현장에서는 문형을 중심으로 교육한다.

예시

DVst14)	은가/ㄴ가 봐요.
AVst	나 봐요.
Vst	었나/았나/였나 봐요.

가방이 싸다   (싼가 봐요)
밖에 비가 오다   (오나 봐요)
어제 잠을 못 자다 (잤나 봐요)

② 문법 규칙의 제시

- 형태 규칙과 통사 규칙을 제시한다.

형태 규칙	형용사 중 받침이 있을 때는 '-은가 봐요', 받침이 없을 때는 '-ㄴ가 봐요', 동사가 올 때는 '-나 봐요'를 사용한다. 특히 '-있다, 없다'는 형용사지만 '-나 봐요'를 쓴다. 예 좋은가 봐요, 싼 가 봐요, 노래를 잘 하나 봐요, 맛있나 봐요
통사 규칙	'-은가/ㄴ가 봐요'는 과거나 미래형으로는 사용되지 않고 주로 현재형이 사용되며 대체로 3인칭 주어가 온다. 예 그 영화가 재미있나 봐요(O). 내가 바쁜가 봐요.(X)

③ 의미 제시

- 문법 자체의 의미보다는 사용 의미 위주로 가르친다.

예 '-은가 봐요'는 '-은 것 같아요'와 같이 추측의 의미를 가지고 있지만 상황이나 물체를 직접 보지 않고 다른 상황을 통해서 유추하는 경우에 많이 쓰인다. 따라서 음식을 직접 보면서 말할 때는 "와, 맛있을 것 같아요."라고 하지만 사람들이 줄을 선 것을 보면서 말할 때 "이 식당 음식이 맛있나 봐요."라고 한다. 따라서 '-는 걸 보니까 -나 봐요.'와 같이 쓰이면 자연스럽다.(예: 식당 앞에 사람들이 많은 걸 보니까 이 식당 음식이 맛있나 봐요.)

---

14) 동사나 형용사와 같은 문법 용어를 약어로 표현하는 방법은 여러 가지 있지만 이 책에서는 동사를 'AV(Active verb)', 형용사를 'DV(descriptive verb)'로 표기하였다. 'st'는 어간(stem)을 약어로 쓴 것이다.

④ 유사 문법과 비교
  - 추측을 나타내는 다른 문법 항목과 비교하면서 해당 문법의 의미를 확실하게 이해시킨다.

(3) 연습 단계
- 다양한 연습을 통해서 문법 활용 능력을 키우는 단계이다.

① 교체 연습
  - 교사 말, 단어 카드, 문장 카드를 통해 교체할 어휘나 문장을 제시하면 학생들이 문형에 맞게 바꿔 말하는 연습이다.

> 예시
>
> AVst (으)려고 합니다.
>
> 교사: 영화를 보다
> 학생: 영화를 보려고 합니다.
> 1. 친구를 만나다
> 2. 도서관에 가다
> 3. 사진을 찍다

② 응답 연습
  - 교사가 질문을 던지면 학습자가 자기 생각으로 대답하는 연습이다.

> 예시
>
> AVst (으)려고 합니다.
>
> 교사: 주말에는 뭘 하려고 합니까? (수영을 하다)
> 학생: 수영을 하려고 합니다.
>
> 1. 오늘 오후에는 뭘 하려고 합니까? (도서관에 가다)
> 2. 수업이 끝난 후에는 뭘 하려고 합니까? (친구와 영화를 보다)

③ 완성 연습
  - 문형이 사용된 문장을 완전하게 끝맺는 연습이다.

> **예시** Vst (으)면 _____
>
> 교사: 시간이 있으면
> 학생: 시간이 있으면 친구를 만나서 이야기합니다.
> 1. 돈이 있으면 (여행을 갑니다/컴퓨터를 삽니다 등)
> 2. 날씨가 좋으면 (산책을 합니다/해변에 갑니다 등)
> 3. 집에 가면 (공부를 합니다/손을 씻습니다 등)

④ 상황 연습

- 교사가 상황을 만들면 학생이 반응하는 연습이다.

> **예시** Vst 겠군요.
>
> 교사: 전 어제 새벽 2시까지 숙제를 했어요.
> 학생: 피곤하시겠군요.
> 1. 오늘 점심을 못 먹었어요.
> 2. 오늘은 제 생일이어서 선물을 많이 받았어요.

(4) 생산(활용) 단계

- 실제 생활과 유사한 상황을 만들어서 배운 문법을 활용하여 말하고, 듣고, 쓰고, 읽는 활동을 하는 단계이다.

① 역할극

> **예시** 물건사기
>
> 가: _____이/가 있습니까?
> 나: 예, 있습니다. 몇 _____ 드릴까요?
> 가: _____에 얼마입니까?
> 나: _____에 _____입니다.
> 가: _____ 주십시오.
> 나: 여기 있습니다.
> 1. 문구점 : 볼펜 한 자루 / 500원
> 2. 꽃집 : 장미 한 송이 / 2,000원

② 정보 교환하기

> **예시**
>
> 약속하고 메모하기 : -을 수 있다/없다
>
> 가: _____에 무엇을 할 거예요?
> 나: _____ .
> 가: 저와 같이 _____(으)ㄹ 수 있어요?
> 나: _____(으)ㄹ 수 있어요/없어요.
>
> 1. 영화를 보다
> 2. 여행을 가다
> 3. 축구를 하다
>
> | | 월 | 화 | 수 | 목 | 금 |
> |---|---|---|---|---|---|
> | 오전 | 영수 씨와 영화 보기 | | | | |
> | 오후 | | | | | |

③ 롤링 페이퍼 쓰기
  - 종이를 준비해서 돌아가면서 친구에게 하고 싶은 말을 쓴다. 그 다음 자신이 받은 메시지를 간접화법으로 바꾸어 "영수 씨가 나한테 숙제를 열심히 하라고 해요."와 같이 말하고 쓴다.

(5) 마무리 단계
- 목표 문법을 간단히 정리하거나 퀴즈를 통해 확인하고 복습할 수 있도록 숙제를 알려준다.

① 퀴즈 및 정리
  - 그날 배운 내용을 연습 문제를 풀면서 정리하거나 쪽지 시험을 통해 확인한다.

② 숙제
  - 배운 문법으로 문장을 만들어 오게 하거나 워크북을 사용하여 집에서 연습할 수 있도록 적당한 분량의 숙제를 낸다.

더 알아보기

한국어 문법 교육 참고 자료

1. 문법 학습용 자료 : 세종학당 문법 학습 중급 애플리케이션

– 한국어 중급 문법의 의미와 사용 양상을 예문을 통해 설명하고 다양한 게임을 통해 확인해 볼 수 있는 애플리케이션이다.

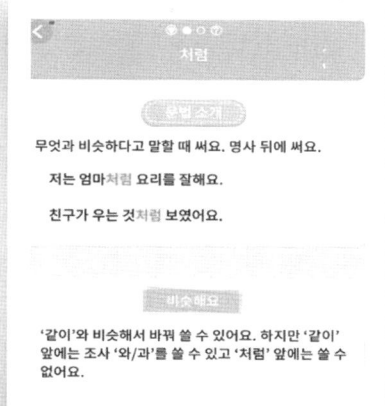

2. 문법 교수용 참고 자료 : 국립국어원 한국어교수학습샘터
   (https://kcenter.korean.go.kr/)

– 국립국어원에서 한국어 교원들에게 필요한 자료와 교육 자료를 제공하는 사이트로, 한국어 문법의 의미와 예시, 유사 문법과의 비교 및 수업 단계별 교수 방안 등 한국어 교육을 위한 다양한 정보를 제공한다.

내용 확인하기

1. 다음은 한국어 교육의 어느 단계에서 다루어야 할 문법인가요?

격조사, 보조사 중 일부, 간단한 연결어미

① 초급　　　② 중급　　　③ 고급

2. 다음은 문법 교수 단계 중 어느 단계에서 활용하면 좋은 활동입니까?

역할극을 통해 실제와 유사한 상황에서 문법을 연습하게 한다.

① 도입 단계　　　② 제시 단계
③ 연습 단계　　　④ 생산 단계

정답

1. ①
2. ④

 더 생각해 보기

1. 여러분은 문법 '＿＿＿이나/나＿＿＿'(예: 밥이나 빵을 먹어요.)를 가르친 후에 실생활과 관계있는 활동으로 어떤 역할극을 하게 하면 좋을까요? 적합한 상황을 말해 보세요.
2. 문법을 재미있게 연습할 수 있는 방법으로 어떤 활동이 있을지 생각해 봅시다.

참고문헌

강현화(2023), 한국어문법교육론, 소통.

곽지영 외(2015), 한국어 교수법의 실제, 연세대학교 대학출판문화원.

국립국어원(2005), 외국어로서의 한국어문법 2, 커뮤니케이션북스.

김중섭 외(2017), 국제 통용 한국어 표준 교육 과정 적용 연구, 국립국어원.

방성원, 김제열(2021), 한국어문법교육론, 한국문화사.

서울대학교 한국어문학연구소 외(2012), 한국어 교육의 이론과 실제 2, 아카넷.

최윤곤(2020), 한국어 문법 교육, 한국문화사.

국립국어원 한국어교수학습샘터 https://kcenter.korean.go.kr/

7. 한국어 말하기 교육 방법

학습목표

1. 의사소통 과정에서 표현 기능의 특징을 설명할 수 있다.
2. 말하기의 개념과 특징을 제시할 수 있다.
3. 말하기 교육의 목표와 원리를 설명할 수 있다.
4. 말하기 수업의 구성과 활동 유형을 제시할 수 있다.

 생각해보기

1. 외국어로 말을 하려고 할 때 무엇이 가장 어렵다고 느껴지나요?
2. 외국인들에게 한국어로 말하기를 가르치려고 할 때 어떤 점에 가장 신경을 써야 할까요?

7 한국어 말하기 교육 방법

1. 표현 기능의 특징

1) 의사소통의 네 기술(技術, skills)

- 한국어 교육의 일차적인 목표는 한국어의 어휘와 문법을 활용해서 서로의 생각을 주고 받으며 의견을 나누는 것이다. 즉 '의사소통'이 첫째 목표라고 할 수 있다.
- 의사소통의 두 행위는 '표현'과 이해이다. '표현은 자신의 의사를 상대방에게 전달하는 행위이고 '이해'는 상대방의 의사를 수용하는 행위이다.
- 대부분의 의사소통은 언어를 통해 이루어진다. 비언어적인 요소(표정, 행동 등)도 의사소통에 영향을 끼치지만 정확한 의사소통은 음성 언어와 문자 언어를 통해서 이루어진다.

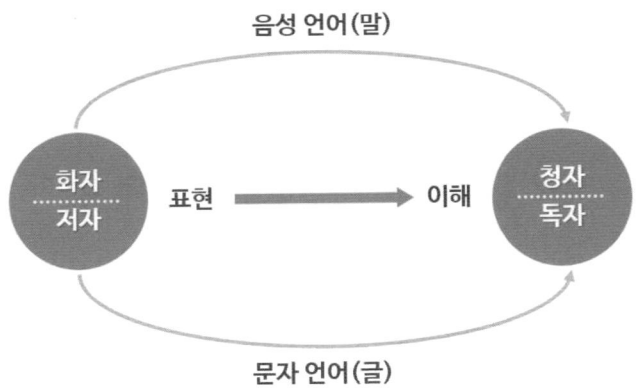

- 의사소통 행위는 상호적이므로 청자가 곧 화자가 될 수 있고 독자가 곧 저자가 될 수도 있다. 따라서 표현과 이해가 상호작용을 통해 끊임없이 반복된다.

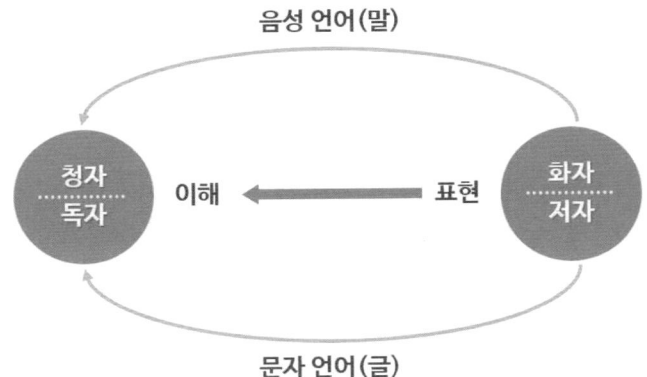

- 의사소통을 위한 기술은 아래의 네 가지로 분류할 수 있다.

	표현 기능	이해 기능
음성 언어	말하기	듣기
문자 언어	쓰기	읽기

- 의사소통 과정에서 말하기는 음성 언어를 통해 메시지를 표현하는 활동이며 쓰기는 문자 언어를 통해 의미를 전달(표현)하는 활동이다.
- 듣기는 음성 언어를 통해 메시지를 이해하는 활동이며, 읽기는 문자 언어로 쓰여진 메시지의 의미를 이해하는 활동이다.

2) 의사소통의 일부로서 표현 기능의 특징

- 표현 기능은 자기의 의사를 말과 글로써 나타내는 능동적 기능이다.
- 표현 기능에는 음성 언어로 표현하는 말하기와 문자 언어로 자신의 생각을 나타내는 쓰기가 포함된다.

	표현 기능	이해 기능
음성 언어	말하기	듣기
문자 언어	쓰기	읽기

- 정확하고 효과적인 표현을 위해서는 이해 활동에서보다 더욱 정확한 언어 지식과 전략적인 사용 방법을 익혀야 한다.
- 표현 능력은 자신의 생각이나 의견을 타인에게 나타내는 능력이지만, 일방적으로 자신의 생각을 표출하는 것만을 의미하지는 않는다. 자신의 의도하는 메시지가 타인에게 잘 전달될 수 있도록 청자와 독자를 인식하고 그들과의 관계에서 자신의 의견을 전달하는 능력이다. 따라서 표현 능력을 기르기 위해서는 의사소통 능력 전반을 길러야 한다.
- 카넬과 스웨인(M. Canale, M. Swain: 1980)은 의사소통 능력의 구성 요소를 문법적 능력과 담화적 능력, 그리고 사회언어학적 능력과 전략적 능력으로 보았다.

문법적 능력 (grammatical competence)	어휘에 대한 지식과 형태론적, 통사론적, 의미론적, 음운론적 규칙에 관한 지식을 포함하는 능력
담화적 능력 (discourse competence)	형태적인 응집성과 내용상 일관성을 이루기 위해 아이디어를 조직하는 능력
사회언어학적 능력 (sociolinguistic competence)	언어와 담화의 사회 문화적 규칙에 관한 지식
전략적 능력 (strategic competence)	언어 수행상의 변인이나 불완전한 언어 능력 때문에 의사소통이 중단되는 경우 이를 보완하기 위해 사용하는 언어적, 비언어적 의사소통 전략

- 표현 능력을 향상시키기 위해서는 문법적 정확성뿐만 아니라 자연스러운 맥락의 구성, 사회적 상황과 대상을 고려한 표현, 그리고 효과적으로 전달하는 전략 등을 함께 발전시켜야 한다.

2 말하기의 개념과 특성

1) 말하기의 개념
- 말하기는 음성 언어를 사용하여 청자에게 자신의 생각이나 감정을 표현하는 의사소통 활이다. 음성 언어에는 분절적인 요소인 음소(ㄱ, ㅏ 등)와 초분절적인 요소인 운소(억양, 강세, 장단 등)가 포함된다.
- 말하기를 통해 의사를 전달하는 과정에서는 표정이나 목소리 톤, 또는 자세와 같은 비언어적인 요소가 영향을 끼치기도 한다.

 더 알아보기

메라비언의 법칙(Mehrabiean & Ferris, 1967)

- 커뮤니케이션에서 자주 인용되는 개념으로 '메라비언의 법칙'이 있다.
- 미국의 심리학자 앨버트 메라비언이 1960년대에 발표한 이 연구에서는 의사소통에서 말의 내용(메시지)가 전달하는 비중은 7% 밖에 되지 않으며 목소리 톤이나 음색 등의 청각적 요소가 38%, 그리고 표정이나 자세나 복장이나 제스처 등 시각적 요소가 55%를 차지한다고 보았다.
- 즉, 비언어적 요소가 표현에 끼치는 영향이 90% 이상이라는 것이다. 따라서 이 법칙에서는 의사소통에서 친절한 말투나 적극적인 자세 등이 전하고자 하는 말의 내용보다 더욱 중요함을 말하고 있다.

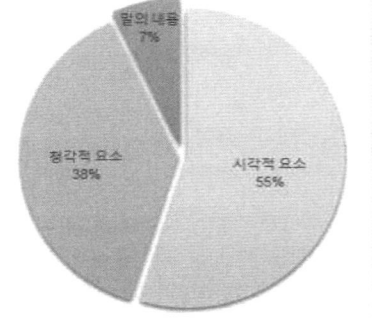

2) 말하기의 특성

- 말하기는 담화 참여자들 사이의 상호작용 속에서 이루어지므로 화자가 청자가 되고 청자가 화자가 되는 전환이 재빨리 이루어진다. 상황에 맞게 말하기 위해서는 상대방의 말을 이해하는 것이 선행되어야 하므로 듣기와 밀접하게 연관이 되어 있다.
- 또한 말을 할 때는 청자의 나이나 사회적 위치, 화자와의 관계 등을 고려하여 적절한 화법과 존칭 등을 사용해야 하므로 언어뿐만 아니라 언어 공동체의 특성 또한 이해해야 한다.

3 말하기 교육의 목표와 내용

1) 말하기 교육의 목표

- 말하기의 목표는 음성 언어(말)를 통해 자신의 생각이나 느낌을 표현하며, 타인과 원활하게 의사소통을 하는 것이다.
- 대화 참여자와의 상호작용 속에서 자신의 생각이나 느낌을 명확하게 표현할 수 있어야 하고 청자의 생각이나 느낌을 이해하여 그 상황에 맞게 적절하게 반응할 수 있어야 한다. 또한 자신이 필요로 하는 정보를 청자에게 요구하여 알아내거나 자신이 알고 있는 것을 확인할 수 있어야 한다.
- 이러한 목표를 달성하기 위해서는 언어 숙달도별로 단계적인 목표를 설정하고 각 단계에 맞는 교육을 실시해야 한다.
- 2020년 11월 27일에 문화체육관광부에서 고시한 '한국어 표준 교육과정'의 말하기 교육 목표와 성취 기준을 살펴보면 다음과 같다.

말하기 등급별 목표

급	목표
1	기초적이고 일상적인 내용의 짧은 대화를 할 수 있으며, 인사나 소개 등의 의사소통 기능을 수행할 수 있다.
2	일상적으로 접하는 공적 상황에서 필요한 대화를 할 수 있으며, 정보에 관해 묻고 답하기, 허락과 요청 등의 의사소통 기능을 수행할 수 있다.
3	자주 접하는 사회적 상황에서 필요한 대화를 할 수 있으며, 권유나 조언 등의 의사소통 기능을 수행할 수 있다.
4	친숙한 사회적·추상적 소재나 직장에서의 기본적인 업무에 필요한 발화를 할 수 있으며, 동의와 반대, 지시와 보고 등의 의사소통 기능을 수행할 수 있다.
5	사회 전반에 대한 소재와 자신의 업무나 학업에 필요한 발화를 할 수 있으며, 업무 보고, 협의 등의 의사소통 기능을 수행할 수 있다.
6	전문적이거나 학술적인 영역에서 필요한 발화를 할 수 있으며, 설득이나 권고 등의 의사소통 기능을 수행할 수 있다.

말하기 등급별 성취 기준

급	성취 기준
1	• 자신과 주변의 일상적인 대상이나 사물에 대해 말할 수 있다. • 개인적이고 친숙한 상황에서 필요한 대화를 할 수 있다. • 단순한 정보를 전달하기 위한 말하기를 할 수 있다. • 정형화된 표현을 사용하거나 두세 번의 말차례를 가진 대화를 할 수 있다. • 기초 어휘와 기본적인 구조의 문장을 사용하여 부정확하지만 비원어민 화자의 발화에 익숙한 한국인이 이해할 수 있는 발음과 억양으로 말할 수 있다.
2	• 일상에서의 친교적인 대화를 할 수 있으며 구체적인 소재에 대해 말할 수 있다. • 친숙한 공공장소나 비격식적인 상황에서 필요한 대화를 할 수 있다. • 자신의 기본적인 의사를 표현하기 위한 말하기를 할 수 있다. • 전형적인 구조의 대화를 하거나 짧은 독백을 할 수 있다. • 간단한 구조의 문장을 활용하여 부정확하지만, 의사소통이 가능한 정도의 발음과 억양으로 말할 수 있다.
3	• 자신의 삶과 관련된 사회적 소재에 대해 말할 수 있다. • 격식적 상황과 비격식적 상황을 구분하여 대화할 수 있다. • 자신의 경험이나 생각에 대해 간단한 담화를 구성하여 말할 수 있다.

	• 복잡한 구조의 대화를 하거나 짧은 내용의 발표를 할 수 있다. • 다소 복잡한 문장 구조를 활용하여 비원어민의 발화에 익숙하지 않은 한국인도 이해할 수 있는 발음과 억양으로 말할 수 있다.
4	• 직업, 교육 등과 같은 보편적인 사회적·추상적 소재의 대화에 참여할 수 있다. • 업무 상황이나 공적인 상황에서 격식과 비격식 표현을 구분하여 대화할 수 있다. • 객관적인 사건이나 상황에 대해 사실적으로 말할 수 있다. • 간단한 업무 보고나 짧은 분량의 업무 관련 발표를 수행할 수 있다. • 다양한 구조의 문장을 사용하여 자연스러운 발음과 억양으로 말할 수 있다.
5	• 사회적·추상적 소재나 자신의 전문 분야에 대해 말할 수 있다. • 일부 전문적이고 격식적인 상황에서 적절한 발화를 할 수 있다. • 자신의 생각과 의견을 유창하게 말할 수 있다. • 보고나 사실 전달을 위한 프레젠테이션을 수행하거나 회의에 참여할 수 있다. • 업무와 학업에 필요한 어휘와 표현을 사용하여 유창한 발음과 억양으로 말할 수 있다.
6	• 자신이 종사하는 전문 분야에 등장하는 대부분의 소재에 대해 말할 수 있다. • 대부분의 전문적 상황에서 격식에 맞는 발화를 할 수 있다. • 타당한 근거를 들어 논리적으로 자신의 의견을 말할 수 있다. • 의견의 교환이 활발한 토론이나 토의에 참여할 수 있다. • 전문적이고 학술적인 표현을 사용하여 의도에 따라 발음과 억양을 조절하며 유창하고 정확하게 말할 수 있다.

2) 말하기 교육의 내용

- 말하기 교육의 내용은 의사소통적 능력을 기르는 것이다. 원활한 의사소통이 가능하도록 각각의 능력을 향상시킬 수 있는 교육 내용을 마련해야 한다.

(1) 문법적 능력

- 개별 음소의 발음 차이를 인식하여 발음하기, 자연스러운 억양으로 유창하게 말하기, 의도에 맞게 적절한 어휘 사용하기, 문법 규칙에 맞게 문장 구성하기, 특정 의미를 표현하기 위해서 다양한 문법적 형태를 활용하기 등을 교육한다.

(2) 담화적 능력
- 주제에 맞게 일관된 내용으로 말하기, 자신의 생각을 논리적으로 표현하기 위해서 예시, 이유, 가정 등의 방법을 활용하여 뒷받침하기, 대화의 원리를 이해하여 적절하게 화제를 유지하거나 바꾸기, 대화에 끼어들거나 적절하게 순서 교대하기 등을 지도한다.

(3) 사회언어학적 능력
- 한국어 사용과 관련된 관습, 문화를 알고 상황에 맞게 이야기하기(식사, 행사, 명절 등), 기능을 중심으로 교육 자료와 연습활동을 구성하기(인사하기, 소개하기, 약속하기, 사과하기, 칭찬하기, 제안하기, 요구하기, 설득하기 등) 등을 가르친다.

(4) 전략적 능력
- 얼굴 표정, 몸짓, 발화 속도, 강세, 몸짓 언어 등(비언어적 표현 전략), 주저함 표현하기, 번복하여 말하기, 시간 끌기, 강조해서 말하기, 돌려서 말하기 등(언어적 표현 전략)을 알려준다.

4 말하기 교육의 원리

1) 말하기 교육의 방향
- 말하기 교육을 통해 원활한 의사소통이 이루어지게 하기 위해서는 다음과 같은 방향으로 지도한다.
 ① 정확성과 유창성의 균형
  - 의사소통에서는 자연스럽게 의미를 전달하는 것이 목표이므로 유창성에 중점을 주되 올바른 의사 전달을 위해서 정확성을 갖추어야 한다. 이는 학습 초기에 잘못된 발음이나 표현이 고착되는 화석화 현상을 방지하기 위해 필요하다.

② 말하기와 듣기를 연계하여 구성
  - 진정한 의사소통은 상호적인 교류 속에서 이루어지므로 듣기와 말하기를 조화롭게 발전시켜야 한다. 학습 활동에서도 듣기를 통한 반응 활동에 초점을 두고 대화문 중심으로 구성하는 것이 바람직하다.
③ 학습자 활동을 적극적으로 유도
  - 학습자에게 동기를 부여하고 실수를 두려워하지 않게 하는 것이 중요하다. 학습자들이 다양한 학습 전략과 발화 전략을 개발하고 이용할 수 있도록 유도한다.
④ 담화 능력을 키우기 위한 말하기 활동 유도
  - 문법 규칙과 형태 중심의 말하기 활동은 문장 이상의 말하기 능력을 키우기 어려우므로 의미 전달과 이해에 초점을 둔 담화 차원의 말하기 교육을 실시해야 한다.
⑤ 실제 과제 중심의 수업 구성
  - 교육적인 과제와 실제적인 과제를 적절하게 활용하여 문제 해결 능력을 기르고 교실 밖에서의 언어 수행력을 높이도록 구성한다.
    예) 가족 소개하기, 시장에서 물건 사기, 이웃과 대화하기, 교통수단 이용하기 등
⑥ 활발한 상호작용이 일어나는 수업 구성
  - 교사가 학습자에게 일방적으로 전달하는 형식이 되지 않도록 소그룹 활동이나 짝활동을 활성화시킨다.
    예) 책상 배치, 열린 질문 활용, 학습자 중심의 연습 활동 등

2) 말하기 오류 수정 원리

- 학습자들의 발화에서 오류가 발생했을 때, 고쳐줄 것인가 말 것인가 고민이 될 때가 있을 것이다.
- 말하는 도중에 발생하는 오류는 즉각적으로 수정하면 학습 의욕을 떨어뜨리거나 수업 진행에 방해가 되므로 신중하게 수정해 주는 것

이 좋다. 그러나, 학습자들이 자신의 오류를 명확하게 인지하고 수정할 수 있도록 적절한 시기에 적절한 방법으로 확인해 주는 과정은 반드시 필요하다.

(1) 오류 수정 방법

- Harmer(2001)에서는 오류 수정의 방법을 아래와 같이 제시한다. 단, 여기서 오류 수정의 원칙은 교사가 직접 학습자의 오류를 수정하지 않고 암시를 통해서 학습자가 스스로 수정할 수 있도록 하는 것이다. 학습자가 수정할 능력이 없을 경우에만 교사가 직접 고쳐줄 것을 강조한다.
  ① 학습자의 오류 부분을 다시 한번 되물음으로써 오류가 있음을 암시한다.
  ② 학습자의 오류 부분을 그대로 따라함으로써 오류 사실을 지적한다.
  ③ 질문을 통해서 틀린 부분을 암시한다.
  ④ 표정이나 몸짓으로 틀렸음을 암시한다
  ⑤ 힌트가 될 만한 단서를 제공하여 스스로 고치도록 한다.
  ⑥ 올바른 문장으로 고쳐서 말해준다.

(2) 원인별 오류와 대처 방법

- 허용(2005:372)에서는 오류의 종류에 따라 교사의 반응이 달라져야 함을 강조한다.

오류의 종류	오류 수정 방법
학습자가 올바로 사용된 형태를 볼 기회가 없었거나 언어 체계에 대한 충분한 지식의 발달이 덜 되어 나타나는 오류	고쳐주기보다는 모델을 제시해 보여주고 관찰할 기회 제공
신경 과민, 겁, 소심증으로 인한 오류	고쳐주기보다는 편안하고 긴장이 적은 활동을 하도록 배려

활동이 너무 어려워 인지적 과부하로 인해 발생한 오류	➡	활동을 쉽게 해 줌
발음이 어려워서 혀가 꼬이는 경우	➡	고쳐주지 않고 다시 말하게 함
모국어의 간섭으로 인한 오류	➡	정정해 주고 모국어와 목표어의 차이점 알려줌
잘못된 모델을 따라하면서 생긴 오류 (교포 등)	➡	정정해 주고 좋은 모델을 제시
잘못 생각해서 발생한 오류	➡	직접 고쳐주기보다 확인 질문을 통해 스스로 다시 생각하고 고치게 함

- 결국, 오류가 발생한 상황과 종류에 따라 학습자의 특성에 따라 오류를 적절하게 수정하도록 한다.

5. 말하기 수업의 구성

1) 교수 요목에 따른 말하기 수업의 방식

(1) 통합형 수업
- 해당 단원의 주제에 맞는 어휘와 문법, 표현을 익히는 과정에서 듣기, 읽기, 쓰기와 더불어 함께 행해지는 말하기 수업 방식이다.

(2) 분리형 수업
- 말하기에서 자주 활용되는 주제나 기능을 중심으로 단원을 구성하여 특정 어휘와 표현을 익혀서 말하기 연습에 집중하는 수업 방식이다.

(3) 한국어 교육 기관에서의 수업 방식
- 현재 한국어 교육 현장에서는 통합형 수업에서 말하기가 다루어지되 말하기의 비중이 점점 증가하고 있는 추세이다.
- 특수 목적을 위한 수업에서는 말하기와 듣기, 읽기와 쓰기, 혹은

말하기와 쓰기 등 두세 가지 기능의 통합 활동도 이루어진다.

> 예) 듣기+말하기 : 일상 대화, 뉴스 듣고 토론하기
> 읽기+말하기 : 신문기사 요약 발표
> 쓰기+말하기 : 연구 주제나 보고서 작성 후 발표하기
> 읽기+쓰기+듣기+말하기 : 시사 관련 주제로 토론하기 등

- 기관에 따라서 학습자들의 부족한 능력을 키우기 위해 주 2~3회 정도 말하기나 쓰기, 읽기 등의 분리형 수업이 이루어지기도 한다.

2) 말하기 수업의 절차
- 말하기 수업의 절차는 수업 내용이나 교재에 따라서 다를 수 있으나 일반적으로 다음의 세 단계로 진행된다.

(1) 제시 단계
- 새로운 어휘나 구조로 이루어진 담화가 실제 상황에서 어떻게 쓰이는지 보여주는 단계이다.
- 교사의 모범 발화, 비디오, 오디오를 통해 제시, 혹은 그림 등의 보고 자료를 이용해서 실시한다.
- 학생들이 상황이나 맥락 속에서 의미와 용법을 유추하여 이해할 수 있도록 한다.

(2) 연습 단계
- 제시된 언어 자료를 학생들이 이해하고 모방할 수 있도록 하는 단계이다.
- 의미와 구조를 습득하고 정확성에 중점을 둔 지도가 이루어진다.
- 학생 전체 연습에서 교사와 학생 간 연습, 그리고 학생 간의 연습으로 진행한다.

(3) 창의적인 표현 단계
- 새로운 언어 자료와 그동안 배운 언어 요소를 사용하여 학생들이 직접 말을 하는 단계이다.
- 통제되거나 유도된 활동에서 자유로운 말하기 활동이나 과제로 진행하는 것이 좋다.

6 말하기 활동의 실례

1) 구조적 의사소통 활동
- 정확성을 연습하고 한국어의 구조를 익히기 위한 말하기 활동이다.

① 듣고 따라하기
 - 대화 상황을 듣고 따라하면서 정확하게 말할 수 있도록 연습시킨다. 발음, 억양 등도 함께 연습할 수 있다.
 - 수업 순서는 '듣기 > 듣고 따라하기 > 다시 듣고 따라하기 > 듣고 대답하기'의 순으로 진행한다.

예시

> 수지: 안나 씨는 형제가 몇 명이에요?
> 안나: 언니와 남동생, 그리고 저까지 셋이에요.
> 수지: 부모님은 어디에서 사세요?
> 안나: 부모님은 시골에 계세요.

② 시각 자료(그림, 사진, 도표, 지도, 실물 자료 등)를 활용하여 말하기
 - 주어진 그림을 보면서 상황을 말하거나 질문에 대답하게 한다.

예시

가: 제임스 집 거실에 뭐가 있어요?
나: 소파가 있어요. 텔레비전과 테이블도 있어요.

- 그림을 보고 말하기가 끝나면 자신의 이야기를 하게 한다.
  예) 여러분의 집 거실(방, 부엌, 욕실)에는 무엇이 있어요?

③ 지문을 읽고 질문에 대답하기
- 내용을 읽고 대화 참여자에 따라 적절한 어법을 사용하여 대답하게 한다.

예시

여러분, 오늘 저녁에 시간이 있어요?
같이 저녁을 먹고 차를 마셔요.
6시에 학교 앞에서 만나요.

1. 오늘 반 친구들과 무엇을 해요?
2. 몇 시에, 어디에서 만나요?

2) 기능적 의사소통 활동

- 정보 간격을 극복하거나 문제를 해결하는 것을 목표로 하며 말하기를 통해 부족한 정보를 채우는 것을 연습하는 활동이다.

① 정보 공유 활동
- 두 장의 그림을 사용하여 각각의 그림에 중요한 정보가 조금씩 빠져 있어서 참여자들이 서로의 정보를 교환하고 비교하며 완전한 그림을 구성하도록 하는 말하기 활동이다.
- 이 과정에서 참여자들은 자신이 가진 정보를 설명하고 다른 사람의 정보를 듣고 분석하여 문제 해결을 시도하게 된다.

예시

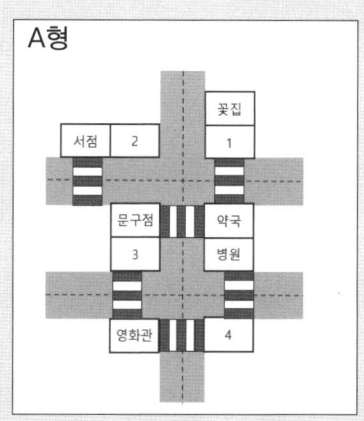 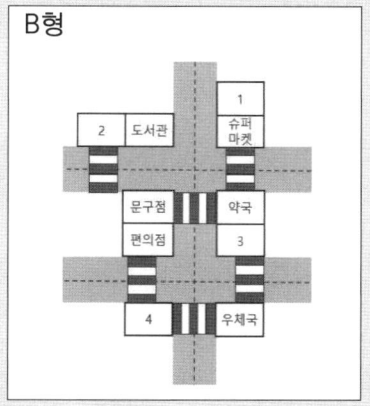

② 묘사하여 말하기
- 한 사람이 상황을 묘사하면 다른 사람은 그 모습을 그리는 활동이다.
- 설명하는 사람은 그림의 내용을 가급적 정확하게 묘사하도록 하고 그리는 사람은 필요한 정보를 구체적으로 물으면서 그림을 완성하도록 한다. 이 과정에서 두 사람은 필요한 정보를 주고 받는 말하기 연습을 하게 된다.

> **예시**
>
> 1. **형식** : 짝 활동
> 2. **준비물** : 도형 그림이 그려진 카드, 빈 종이, 연필, 지우개
> 3. **방법** :
>   - 교사가 학생들을 2명씩 짝을 지어주고 A에게는 도형 그림이 그려진 카드를, B에게는 빈 종이와 연필을 준다.
>   - A는 자신이 받은 카드에 그려진 도형을 B에게 설명한다. 이때, A는 도형의 모양, 크기, 위치 등을 정확히 설명해야 한다.
>   - B는 A의 설명에 따라 도형을 종이에 그린다. A는 직접 그림을 보여주지 않고, 말로만 설명한다.
>   - B가 그린 도형이 A가 설명한 것과 다를 경우, A는 추가 설명을 해주어 수정할 수 있도록 돕는다.
>   - 두 학생이 그림을 완성한 후, 서로의 그림을 비교하며 올바르게 그렸는지 확인하고, 모두에게 결과를 소개한다.

3) 상호작용적 의사소통 활동

- 의사소통 상황을 가정하여 실제 말하기와 유사한 형식의 말하기 연습을 하는 활동이다.

① 역할극
- 학생들이 각각 정해진 역할을 맡아 해당 역할에서 할 대화 내용을 완성하고 말하는 연습을 한다.
- 처음에는 대화의 일부분을 제공하고 나머지 부분을 자신들의 상황에 맞게 완성해서 말해 보게 하고, 연습이 충분히 이루어진 후에는 상황만 제시한 후 자유롭게 대화를 만들어서 말해 보게 한다.
- 역할과 대화 상황은 학생들의 수준에 따라 달라지겠지만, 학생들이 흔히 겪게 되는 상황을 제시하는 것이 좋다.
- 서로 입장이 대립을 이루는 역할을 맡은 경우에는 대화를 마친 후

어떤 점을 느꼈는지, 더 나은 해결 방법이 있었는지 토론하는 활동으로 이어갈 수도 있다.

예시

직원 : 안녕하세요? 무엇을 주문하시겠어요?
손님1: 메뉴판을 보여 주세요.
직원 : 여기 있습니다. 무엇을 드시겠어요?
손님1: 저는 _____을/를 먹고 싶어요. _____씨는요?
손님2: 저는 _____을/를 먹고 싶어요.
직원 : 음료는 무엇으로 하시겠어요?
손님1: 저는 _____(으)로 주세요.
손님2: 저도 _____(으)로 주세요.
직원 : 주문 확인할게요. _____(음식 이름) 두 개와 _____(음료 이름) 두 개 맞으시죠?
손님1: 네, 맞아요.
직원 : 알겠습니다. 잠시만 기다려 주세요.

예시

A 역할	B 역할
당신은 전자제품 매장 직원입니다. 어제 한 손님이 스피커를 사 가지고 갔습니다. 손님은 집에 가서 사용해 보니, 스피커가 제대로 작동하지 않는다고 합니다. 손님은 제품을 환불받고 싶어하지만, 당신은 가게의 판매 규칙에 따라 환불은 안 되고 새 제품으로 교환해 주겠다고 설명해야 합니다.	당신은 손님입니다. 어제 전자제품 가게에서 스피커를 샀습니다. 하지만 집에 와서 사용해 보니, 스피커가 제대로 작동하지 않습니다. 그래서 가게에 가서 환불을 요구하려고 합니다. 하지만 매장 직원은 환불이 어렵다고 말합니다. 당신은 이 매장이 다른 매장에 비해 값도 비싸고 물건도 많지 않아서 환불을 받기 원하기 때문에 매장 직원을 설득해야 합니다.

② 토론하기
- 학습자가 서로의 가치관이나 신념에 대한 의견을 교환하는 활동으로

7장 한국어 말하기 교육 방법

중고급 단계에서 많이 사용한다.
- 찬반 양론이 분명한 주제에 대해서 하는 것이 좋으며 '사형제도, 안락사, 징병제, 조기 교육' 등 사회적인 문제나 문화 간에 서로 다른 의견이 가능할 수 있는 문제를 고른다.
- 토론 전에 준비 시간을 준 후, 각자 논리적인 근거를 내세우며 토론할 수 있도록 한다.

예시

1. (5분) 도입 단계
- 교사는 토론 주제와 관련된 배경 정보를 간략하게 소개하고, 학생들에게 주제에 대한 간단한 질문을 던져 생각할 시간을 준다; 그 후, 토론의 목표와 진행 방법을 설명한다.

2. (10분) 그룹별 토론
- 학생들을 2~3명의 소그룹으로 나누고, 각 그룹은 주어진 주제에 대해 찬성과 반대 입장으로 나뉘어 토론한다. 이 과정에서 각자의 의견을 정리하고, 그룹 내에서 토론 결과를 발표할 준비를 한다.

3. (10분) 발표 및 토론
- 각 그룹의 대표가 전체 앞에서 자신들의 의견을 발표한다. 발표 후, 다른 그룹의 학생들이 질문을 하거나 반박할 수 있다. 사회자는 이 과정을 통해 학생들이 상호 의견을 교환할 수 있도록 유도한다.

4. (15~20분) 전체 토론
- 전체 학생들이 함께 모여, 각 그룹의 발표 내용을 바탕으로 토론을 진행한다. 이 단계에서는 주제에 대해 깊이 있는 논의가 이루어지며, 학생들은 다양한 시각에서 문제를 바라보고 해결책을 제시할 수 있다.

5. (5분) 정리 및 마무리
- 사회자는 토론에서 나온 주요 의견을 정리하고, 결론을 내린다. 이 과정에서 교사는 학생들이 제시한 의견을 종합하며, 부족했던 부분에 대해 피드백을 제공한다.

6. (5분) 평가 및 피드백
- 토론이 끝난 후, 교사는 학생들이 토론에서 보여준 태도와 의견 제시 능력에 대해 평가한다. 또한, 학생들은 서로의 의견을 존중하며 발전할 수 있는 부분에 대해 피드백을 주고받는다.

③ 발표하기
 - 자신이 선택한 주제나 주어진 주제에 대해서 준비한 이야기를 발표한다.
 - 초급 단계에서는 자기 소개, 가족 소개, 고향 소개 등 자신의 주변 이야기를 준비하도록 하고, 중급 단계에서는 한국과 자기 나라의 사회나 문화를 비교할 있는 주제, 고급에서는 자료를 찾거나 설문조사 등을 하면서 인물 조사, 신문 기사 발표, 연구 과제 발표 등 단계별로 활용 가능하다.
 - 특히 준비해 온 것을 그대로 읽지 않고 자연스럽게 말할 수 있도록 연습시킨다.

내용 확인하기

1. 다음 중 의사소통의 네 기능 중 음성 언어로 전해지는 표현 기능은 무엇입니까?

   ① 말하기   ② 듣기   ③ 쓰기   ④ 읽기

2. 다음은 의사소통적 능력 중 어떤 능력을 설명하고 있습니까?

대화에 참여하는 사람들 사이의 역할이나 공유하고 있는 정보, 상호 작용 등을 고려하여 말할 수 있는 능력

   ① 문법적 능력
   ② 담화적 능력
   ③ 사회언어학적 능력
   ④ 전략적 능력

   정답
   1. ①
   2. ③

 더 생각해 보기

1. 외국인들에게 말하기 오류를 효과적으로 수정해 줄 수 있는 방법으로 어떤 것이 있을지 생각해 봅시다.
2. 한국어 학습자와 할 수 있는 재미있는 말하기 활동으로 어떤 것이 있을지 생각해 봅시다.

참고문헌

강현화 외(2021), 한국어표현교육론, 한국문화사.

김선정(2010), 한국어표현교육론, 형설출판사.

문화체육관광부고시 제2020-54호(2020.11.27.), 한국어표준교육과정, 문화체육관광부 국립국어원.

허용 외(2005), 외국어로서의 한국어교육학개론, 박이정.

A. Mehrabian and S. R. Ferris(1967), Decoding of Inconsistent Communications, Journal of Personality and Social Psychology 6-1, pp. 109-114.

Jeremy Harmer(2001), The Practice of English Language Teaching(3rd Edition), Longman.

M. Canale and M. Swain(1980), Theoretical Bases of Communicative Approaches to Second Language Teaching and Testing, Applied Linguistics 1-1, pp. 1-47.

8. 한국어 쓰기 교육 방법

학습목표

1. 쓰기의 개념과 특성을 제시할 수 있다.
2. 쓰기 교육의 목표와 교사의 역할을 설명할 수 있다.
3. 쓰기 수업의 구성과 활동 유형을 제시할 수 있다.

 생각해보기

1. 일상 생활에서 어떤 종류의 쓰기를 많이 하고 있을까요?
2. 한국어 학습자에게 쓰기를 가르친다면 어떤 내용들을 알려 주어야 할까요?

8 한국어 쓰기 교육 방법

1 쓰기의 개념과 특징

1) 쓰기의 개념

- 쓰기(writing)란 문자 언어를 사용한 표현 활동으로서 음성 언어의 단순한 표기에서부터 학위논문의 작성이나 예술 작품의 창작에 이르기까지 그 범위를 다양하게 정할 수 있다.
- 좁은 의미의 쓰기는 하나의 주제를 정해서 그 주제와 관련된 글을 쓰는 작문(composing)활동을 가리킨다. 즉, 수필, 설명문, 논설문 등과 같이 의미를 구성하여 한 편의 완결된 글을 쓰는 것을 쓰기로 본다.
- 넓은 의미의 쓰기는 문자 언어를 수단으로 한 단순한 활동(예: 베껴 쓰기, 받아 쓰기 등)에서부터 창의성과 목적성을 띤 표현 활동(작문)을 모두 아우르는 개념이다. 문자 체계를 익히고 문장 구성의 기초가 되는 문법과 어휘를 쓰는 연습을 하는 초급 단계의 활동에

서부터 논문의 작성이나 예술 작품 등의 특별한 목적을 위한 창작 활동을 하는 고급 단계의 글쓰기 활동 전반을 말한다.

2) 쓰기의 특성
(1) 일반적인 쓰기(글)의 특성
- 쓰기는 말하기에 비해 글의 형식과 구조, 어휘 선택과 표현 등에 더욱 주의를 기울이면서 해야 하는 활동이다.
- Brown, H. D.(1994)에서는 쓰기의 특성을 아래와 같이 정리하고 있다. 이것은 글쓰기 과정과 교육 상황에서 어떤 점을 고려해야 하는지를 알려 준다.

① 영구성
  - 입말은 말을 함과 동시에 사라져 버리고 청자도 즉각적으로 인식하고 저장해야 하나 글말은 영속성을 가지며 독자도 문구, 문장, 글 전체를 반복해서 읽을 수 있다.

② 처리 시간
  - 입말은 속도에 구애받으나 글말은 자신의 속도로 쓰고 읽을 수 있어서 처리 시간이 여유롭다.

③ 거리
  - 글말은 메시지가 전달되는 데 있어서 독자와 거리(시간적, 공간적)를 갖는다. 따라서 글만으로 전달하고자 하는 내용을 이해하기 어려운 경우가 있다.

④ 문자 의존
  - 입말에서는 강세, 리듬, 억양, 소리의 크기, 비언어적 단서들이 의미 전달에 도움을 주는 데 반해 글말에서는 간단한 문장부호와 문자에 의존하게 되므로 행간을 이해하기 위해서 많은 노력이 필요하다.

⑤ 복잡성
  - 입말에서는 짧은 구를 자주 사용하나 글은 대체로 길고 복잡하므로

인지적인 노력이 필요하다.
⑥ 어휘
- 말에 비해 다양하고 추상적인 어휘를 많이 사용하게 된다.
⑦ 일방향성
- 말하기는 상호 교환 활동으로 동의 여부, 이해 정도 등을 즉각적으로 알 수 있으나 쓰기는 일방적인 활동이다. 따라서 글을 쓸 때는 독자의 수준이나 대상, 관심 정도 등을 예측하여 일방적으로 전달하게 된다.
⑧ 형식성
- 말에 비해서 지켜야 할 형식성이 많다. 논리적 순서, 시작과 끝내는 형식, 같은 표현을 피하는 것 등 글의 형식에도 신경을 써야 한다.

(2) 한국어에서의 구어와 문어의 특성 비교
- 말을 그대로 글로 적을 경우 어색해지는 때가 많다. 이는 문법과 단어, 그리고 문장의 구조가 구어와 문어에서 달라지기 때문이다.
- 한국어의 구어와 문어에 나타나는 차이를 통해 글을 쓸 때 무엇에 주의해야 하는지를 알 수 있다.

구어와 문어의 비교[15]

	입말(구어)	글말(문어)
문법	① 조사가 많이 생략된다. ② (이)랑, 하고, -아/어요, -더라, -더라고요, -대요 등 구어에만 쓰는 표현이 있다. ③ -(으)니까, -ㄴ/는데 등 구어에만 쓰는 연결어미가 있다.	① 조사를 생략하지 않는다. ② 구어에만 쓰는 표현을 사용하면 안 된다. (문어: 와/과) ③ -(으)므로, -기 때문에, -(으)며 등 문어에만 쓰는 연결 어미가 있다. ④ '이, 그, 저'에서 '저'는 사용할 수

---
15) 이정희 외(2007), 76쪽.

	④ '이, 그, 저' 중에서 '저'는 구어에만 사용한다. ⑤ 듣는 사람에 따라서 높임법을 사용한다.	없다. ⑤ '-ㄴ/는다'와 같이 듣는 사람을 높이지 않는다.
단어	① 선생님, 여러분과 같이 부르는 말을 자주 사용한다. ② '아, 자, 음' 등과 같이 감탄을 나타내는 말, 주저하는 말을 쓴다. ③ 말을 줄이는 것이 가능하다. (방학엔, 뭘) ④ 정도를 나타내는 부사어 중 '너무'를 많이 사용한다. ⑤ 같은 말을 반복하는 경우가 많다. ⑥ 한자어를 많이 사용하지 않는 경향이 있다.	① 부르는 말을 사용하지 않는다. ② 감탄을 나타내는 말, 주저하는 말을 쓰지 않는다. ③ 말을 줄이지 않는다.(방학에는, 무엇을) ④ 정도를 나타내는 부사어 중 '너무'보다는 '아주, 매우'를 쓰는 것이 좋다. ⑤ 되도록 같은 말을 반복하지 않는다. ⑥ 한자어 사용이 증가하는 경향이 있다.
문장	① 모든 문장 성분의 생략이 가능하다. ② 생각나는 대로 문장을 연결한다.	① 문장 성분을 생략하면 안 된다. 단 주어가 글을 쓰는 사람일 경우에는 생략이 가능하다. ② 기본 어순에 맞게 쓴다.

2 쓰기 교육의 목표와 내용

1) 쓰기 교육의 목표

- 쓰기의 목표는 문자 언어(글)을 사용하여 자신의 생각이나 느낌을 표현하며, 타인과 의사소통을 하는 것이다.
- 특히 쓰기는 장르에 따라 쓰기 양식과 표현 등이 달라지므로 격식에 맞게 쓸 수 있도록 지도해야 한다.
- 2020년 11월 27일에 문화체육관광부에서 고시한 '한국어 표준 교육과정'에서는 쓰기의 단계별 목표와 성취 기준을 제시하고 있다.

쓰기 등급별 목표

급	목표
1	일상에서 자주 접하는 소재의 글을 쓸 수 있으며, 간단한 메시지의 작성이나 교환 등 기초적인 의사소통 기능을 수행할 수 있다.
2	주변에서 접하게 되는 공적 상황에서 필요한 글을 쓸 수 있으며, 간단한 정보를 제공하거나 명시적 사실에 관해 기술하는 의사소통 기능을 수행할 수 있다.
3	자신의 삶과 관련된 사회적 소재의 글을 쓸 수 있으며, 정보를 전달하거나 설명하는 의사소통 기능을 수행할 수 있다.
4	평소에 관심이 있는 사회적·추상적 소재의 글을 쓸 수 있으며, 대상을 설명하거나 자신의 생각을 표현하는 의사소통 기능을 수행할 수 있다.
5	사회적이거나 일부 전문적인 소재의 글을 쓸 수 있으며, 체계적으로 정보를 전달하거나 자신의 견해를 밝히는 의사소통 기능을 수행할 수 있다.
6	전문적이거나 학술적인 소재의 글을 쓸 수 있으며, 논리적이고 효과적으로 자신의 의견을 제시하는 등의 의사소통 기능을 수행할 수 있다.

쓰기 등급별 성취 기준

급	성취 기준
1	• 일상적이고 구체적인 소재에 대한 글을 쓸 수 있다. • 개인적 상황에서 사용되는 최소한의 글을 쓸 수 있다. • 사실이나 생각을 간단한 문장으로 쓸 수 있다. • 간단한 메모를 하거나 몇 문장 수준의 문단을 쓸 수 있다. • 자음과 모음의 결합을 통해 글자를 구성할 수 있고, 맞춤법에 맞는 문장을 쓸 수 있다.
2	• 친숙한 사회적 소재에 대해 글을 쓸 수 있다. • 익숙한 공적 상황에서 사용되는 격식적인 글을 쓸 수 있다. • 자신의 의견과 객관적인 사실을 구분하여 글을 쓸 수 있다. • 다양한 종류의 실용문이나 단순한 구조의 설명문을 쓸 수 있다. • 다소 복잡한 구조의 문장을 활용하여 비교적 정확하게 글을 쓸 수 있다.

3	• 친숙한 사회적 소재에 대해 글을 쓸 수 있다. • 익숙한 공적 상황에서 사용되는 격식적인 글을 쓸 수 있다. • 자신의 의견과 객관적인 사실을 구분하여 글을 쓸 수 있다. • 다양한 종류의 실용문이나 단순한 구조의 설명문을 쓸 수 있다. • 다소 복잡한 구조의 문장을 활용하여 비교적 정확하게 글을 쓸 수 있다.
4	• 관심이 있는 사회적·추상적인 소재에 대해 글을 쓸 수 있다. • 익숙한 업무 상황에서 격식적으로 사용되는 글을 쓸 수 있다. • 핵심 내용이 잘 드러나도록 문단을 구성하여 글을 쓸 수 있다. • 다양한 구조의 설명문이나 단순한 구조의 논설문을 쓸 수 있다. • 구조가 복잡한 문장을 사용할 수 있고 비교, 대조, 나열 등의 전개 방식으로 글을 쓸 수 있다.
5	• 사회 전반에 대한 소재나 자신의 전문 분야와 관련된 글을 쓸 수 있다. • 업무나 학업 맥락에서 필요한 격식적인 글을 쓸 수 있다. • 내용의 통일성과 응집성을 고려하여 짜임새 있는 글을 쓸 수 있다. • 논리적 구조와 기본적인 형식을 갖춘 짧은 분량의 보고서를 쓸 수 있다. • 자신의 업무나 학업에 필요한 어휘와 표현을 사용하고 다양한 전개 방식을 활용하여 글을 쓸 수 있다.
6	• 사회·문화적 특수성이 드러나는 소재의 글이나 전문 분야의 글을 쓸 수 있다. • 전문적이거나 학술적인 상황에서 사용되는 격식적인 글을 쓸 수 있다. • 예상 독자를 고려하며 목적에 부합하는 글을 쓸 수 있다. • 타당한 근거를 들어 논리적이고 형식적으로 완결성을 갖춘 평론, 학술 논문 등을 쓸 수 있다. • 전문적인 어휘와 표현을 사용하고 장르에 맞는 다양한 수사법을 활용하여 글을 쓸 수 있다.

2) 쓰기 교육의 내용

- 한국어를 사용하여 글로써 자신의 의견을 전달하고 문제를 해결하기 위한 의사소통적 능력을 길러야 한다.
- 이는 한국어를 배우는 모든 학습자들에게 일괄적으로 적용되는 일반적인 쓰기 내용과 목적에 따른 쓰기 내용으로 나누어 생각해 볼 수 있다.

(1) 일반적 쓰기 교육의 내용

- 한국어를 배우는 모든 학습자들에게 공통적으로 적용되는, 의사소

통적 능력의 하나로서 쓰기 능력을 향상시키기 위한 쓰기 교육 내용은 아래와 같다.

의사소통적 능력	쓰기 교육의 내용
문법적 능력	- 문장 구조 익히기: 주어-서술어 일치, 문장 성분의 배열 등 문장 형식 학습 - 어휘 사용 능력: 적절한 어휘 선택과 다양한 표현 학습 - 맞춤법과 문장부호: 한국어 맞춤법 규칙과 문장부호 사용법 익히기
담화적 능력	- 문단 구성과 글의 흐름: 도입, 전개, 결론 구조를 이해하고 논리적으로 글을 구성하기 - 연결어미와 접속 표현 사용: 글의 일관성과 응집성을 높이는 접속사, 지시어, 연결 표현 익히기 - 글의 장르별 특성 이해: 설명문, 논설문, 편지글, 기사문 등 다양한 글쓰기 유형 익히기
사회언어학적 능력	- 상황에 맞는 표현 사용: 공식적/비공식적 상황에서 적절한 문장 표현 익히기 - 청중과 목적에 맞는 글쓰기: 독자를 고려한 적절한 어조와 문체 선택하기 - 문화적 배경을 반영한 글쓰기: 한국 사회의 문화적 특성을 반영하여 자연스러운 글쓰기
전략적 능력	- 글쓰기 계획 세우기: 아이디어 정리, 개요 작성 등 글쓰기 전 전략 익히기 - 수정과 편집 능력: 초고 작성 후 문법, 문맥, 흐름을 점검하고 수정하는 과정 학습 - 필요한 자료 활용하기: 사전, 검색 엔진, 참고문헌 등을 활용하여 글을 보완하는 능력

(2) 목적별 쓰기 교육의 내용
 - 일반적인 한국어 쓰기 외에 특별한 목적을 위해 한국어를 배우는 학습자들은 해당 분야에 필요한 별도의 쓰기 능력을 함양해야 하며, 이를 고려하여 쓰기 교육을 진행해야 한다.

학습 목적	쓰기 교육의 내용
학문 목적 한국어 쓰기	- 논리적 글쓰기: 논설문, 보고서, 연구 논문 등 구조적이고 논리적인 글 작성법 학습 - 전문 용어와 학술적 표현 익히기: 전공 분야별 필수 용어 및 공식적인 문체 사용 연습 - 자료 분석 및 인용법: 학술적 자료를 정리하고 적절한 인용법(APA, MLA 등) 사용
직업 목적 한국어 쓰기	- 공식 문서 작성법: 이력서, 자기소개서, 보고서, 기획서 등 직장 내 필수 문서 작성 - 비즈니스 이메일과 공문 작성: 정중한 어휘와 서식을 갖춘 이메일 및 공문 쓰기 연습 - 회의록 및 협업 문서 작성: 효과적인 업무 기록 및 보고 능력 강화
기타 특수 목적 한국어 쓰기	- 언론 및 미디어 한국어: 뉴스 기사, 칼럼, SNS 콘텐츠 등 미디어 관련 글쓰기 - 법률 및 행정 한국어: 계약서, 법률 문서, 행정 서류 등 공식 문서 작성법 - 창작 및 문예 한국어: 소설, 시, 에세이 등 창의적인 글쓰기

3 쓰기 교육 원리

1) 쓰기 교육의 방법에 관한 접근 방법

- 쓰기에 관여하는 세 요소, 즉, 필자와 글, 그리고 독자 중 어느 쪽에 초점을 두느냐에 글쓰기에서 중요시하는 것과 글쓰기 방법이 달라진다. 이것은 곧 교육 방법의 차이로 이어진다.

(1) 글(텍스트)에 대한 관심: 형식(결과) 중심 쓰기

- 전통적인 쓰기 방식으로, 텍스트(완성된 글)에 관심을 가지고 정확하고 형식에 맞는 글을 쓰는 것을 중요시한다.
- 완성된 글의 형식에 초점을 두고, 모범이 되는 상당한 범위의 글들을 담은 교재를 사용해서 학생들에게 좋은 글을 읽히고 모방해서 쓰게 한다.

- 쓰기 과정을 '쓰기➡수정➡완성'의 직선적인 과정으로 이해한다.

결과 중심 글쓰기 단계

쓰기 이전 단계 > 쓰기 단계 > 고쳐나가는 단계 > 편집하는 단계

- 교사의 주요한 역할은 학생의 오류를 적극적으로 수정해 주며 정확성과 적합성에 대한 개념을 학생들에게 심어주는 것이다.
- 이러한 쓰기 방식은, 정확한 글을 생산해 낼 수는 있으나 필자의 개성이 드러난 새로운 형식과 내용의 글을 쓸 수 없으며 오류의 교정을 교사에게 의존하므로 글쓰기 능력의 향상이 어렵다.

(2) 필자에 대한 관심: 과정 중심 쓰기
- 형식주의적 글쓰기 전통에 반대하며, 완성된 글이 나오기 위해 텍스트의 생산자인 필자의 주체적인 사고과 집필 과정이 가장 중요하다고 본다.
- 글쓰기는 직선적인 과정이 아니라 자료 모으기부터 완성된 텍스트의 출판에 이르기까지의 전 과정이 반복되고 순환됨을 강조한다.
- 쓰기의 각 단계는 과정 중심 쓰기에서 교사는 쓰기 과정의 안내자이자 협력자, 그리고 단계별로 피드백을 주는 조력자로서의 역할을 한다.
- 과정 중심 쓰기 이론은 모국어 화자와 미국에서 ESL(영어를 제2언어로 하고 있는) 대학생 작문의 필요성을 충족시키기 위해서 개발되었다. 따라서 해당 언어로 자유롭게 생각하고 글을 쓸 수 있는 능력이 있는 경우에는 활용 가능하지만, 언어적, 형식적 지식이 부족한 외국어 성인 학습자에게는 적용하기가 어렵다는 평가가 있다.

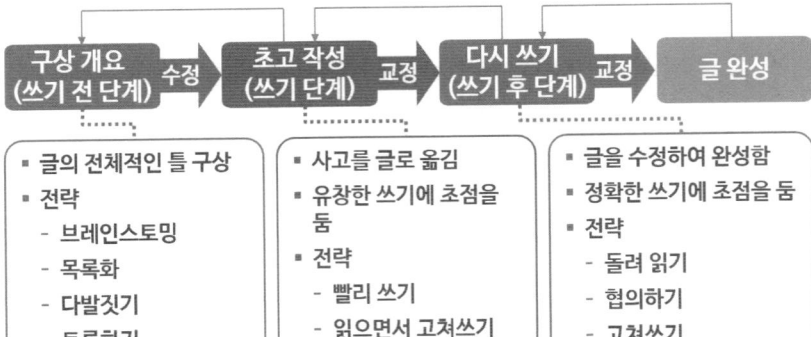

(3) 독자에 대한 관심: 장르 중심 접근
- 글을 쓰는 필자와 글의 정확성도 중요하지만 해당 글의 의도와 기능이 독자에게 바르게 전달되는 것이 중요하다고 보는 관점이다.
- 이 관점에서 좋은 글이란 독자가 필자의 의도를 이해하고 해당 글이 요구하는 반응을 하도록 쓰여진 글이며, 글을 읽는 사람이 텍스트의 목적을 깨닫지 못한다면 의사소통이 성공하지 못한 것이므로 좋은 글이 아니라고 본다.
- 글쓰기 교육 방식은 의사소통적 목적에 따른 다양한 장르(보고하기, 서술하기, 이야기하기, 설명하기 등)별 글쓰기 특성과 쓰기 방법을 익히는 데 관심을 둔다.
- 여기서 교사는 독자의 입장에서 글의 목적이 제대로 전달될 수 있는가를 검토하고 반응해 주는 역할을 하게 된다.
- 장르 중심 쓰기 교육에서는 독자에게 가장 효과적으로 전달되기 위한 글을 쓰는 전략을 가르치며, 특정 글의 형식과 구조에 맞는 글쓰기 능력을 향상시키도록 애쓴다.

2) 한국어 쓰기 교육에서 글쓰기 모형의 적용
- 다양한 글쓰기 관점은 각각이 장점을 가지고 있으므로 효율적인

글쓰기 교육을 위해 접목시켜서 활용할 수 있다.
- 한국어 학습자들은 한국어의 기초적 능력이 부족하므로 초급 단계에서는 전통적 방식의 모방적 글쓰기를 강조하고, 중, 고급 단계에서는 장르별 구조와 특징을 익혀서 글을 쓸 수 있도록 지도한다.
- 다양한 주제의 글쓰기를 진행할 경우, 학습자의 아이디어를 살려서 글을 구상하고 단계별로 글을 쓸 수 있도록 글쓰기 과정에 대한 능력을 키워 주는 것도 중요하다.

4 쓰기 오류 교정 방법

- 결과 중심 글쓰기 방법에서 교사의 오류 교정은 교사의 핵심 과제로 간주되었으며 주로 맞춤법, 문법, 어휘 사용의 적절성과 같은 형식적인 오류에 초점을 둔다.
- 과정 중심의 글쓰기에서 오류 교정의 방향은 학습자가 표현하고자 했던 원래의 의도가 무엇인지를 살피고 그 의도에 따른 글의 생성을 돕는 것이다.

1) 작문 오류 교정의 원리

- 형태 중심의 연습에 목적을 둔 쓰기 활동에서는 목표 형태를 정확하게 수정하되, 학습자가 글을 통해 무언가를 전달하려는 목적으로 쓴 글에서는 독창적이고 창조적인 글을 쓸 수 있도록 오류에 대해 관대해져야 한다.
- 글의 잘된 부분에 대한 칭찬과 오류 교정을 함께 제공한다.
- 중요하게 다루어야 할 오류는 반복되는 오류이며, 실수는 학습자 스스로 수정할 수 있으니 이에 대해서는 심각하게 다루지 않는다.
- 아직 학습하지 않는 내용에 대한 오류는 교사가 아무 말 없이 수정하는 것이 좋다. 수정되지 않는다면 학습자들이 옳다고 생각할 수 있기 때문이다.

- 학습자 전체를 대상으로 오류를 다룰 때는 누구의 오류인지가 드러나지 않도록 하는 것이 좋다.

2) 오류 교정 방법

- 학습 효과를 위해서는 처음부터 모든 오류를 수정하지 말고 상징 부호를 사용하여 학습자가 스스로 오류를 고칠 수 있는 기회를 준다.
- 아래와 같이 간단한 약호를 만들어서 학생들이 스스로 오류를 수정해 볼 기회를 제공한다.

오류 유형	약호
철자 오류	철
어순 오류	순
시제 오류	시
어휘 교체가 필요한 경우	어
문법 교체가 필요한 경우	법
주어 서술어가 일치하지 않는 경우	주~서
문장 구조의 오류	구
기타 오류	기

3) 작문 단계에 따른 피드백의 내용

(1) 초안에 대한 피드백

- 글의 내용과 구성 등 전체적인 오류를 지적한다.
- 주제를 전개하는 전체적인 구성에 대해서 언급하고 주제와 관계가 먼 부분을 언급한다.
- 도입 부분에 대해서 언급한다.
- 부적절하거나 어색한 단어와 표현을 지적한다.

(2) 교정안에 대한 피드백

- 지엽적이고 문법적인 오류를 지적하되 교정하지는 않는다.
- 주제, 주장, 논리가 명료한지 언급한다.
- 문장 내, 문장 간의 일관성에 대해 언급한다.
- 어색하지는 않지만 분명하지 않은 어휘 선택에 대해 언급한다.
- 결론이 적절한지 언급한다.

(3) 최종 글에 대한 피드백
- 문법적인 오류(맞춤법, 문장 부호, 문법 등)를 수정한다.
- 어색한 어휘를 수정한다.
- 글의 전체 구성과 내용에 대한 교사의 의견을 언급한다.

4) 오류 교정 내용을 활용하는 학습자의 전략
- 교사가 제시한 피드백을 스스로 내재화하여 활용할 수 있도록 해야 한다.
- 작문 메모장을 만들어서 오류 수정 내용을 메모하도록 한다.
- 문법 목록이나 어휘의 목록을 제시하여 학습자가 자신의 문법적인 오류를 범주화하게 한다.
- 글의 구성이나 내용에 대한 부분 중 학습자의 공통적인 문제를 수업 시간에 언급한다.
- 최종 글에 대한 교사의 지적을 활용하여 다시 써 보게 한다.
- 교사의 지적을 받고 글을 다시 읽은 후 자신의 글에 대한 생각을 말하게 한다.

5 쓰기 수업의 구성

1) 교수 요목에 따른 말하기 수업의 방식
(1) 통합형 수업

- 해당 단원의 주제에 맞는 어휘와 문법, 표현을 익히는 과정에서 말하기, 듣기, 읽기와 더불어 함께 행해지는 수업이다.
- 각 단원의 마지막에 배치되어 한 단원에서 배운 어휘와 문법, 기능을 활용하여 정리하는 글쓰기 활동으로 구성되는데, 주로 숙제로 다루는 경우가 많다.

(2) 분리형 수업
- 쓰기에서 자주 활용되는 주제나 기능을 중심으로 단원을 구성하여 특정 어휘나 표현을 익히고 말하기 기술에 집중하는 수업이다.
- 기능 중심, 과제 중심의 수업으로 운영되며 쓰기 전 활동, 쓰기 활동, 쓰기 후 활동으로 진행된다.

2) 쓰기 수업의 절차

(1) 제시 단계
- 새로운 어휘나 구조로 이루어진 글이 실제 상황에서 어떻게 쓰이는지 보여주고 자주 사용되는 어휘와 문법을 익히는 단계이다.
- 학생들이 해당 장르의 특징이나 구조를 이해할 수 있도록 한다.

(2) 통제된 쓰기 단계
- 제시된 언어 자료를 활용해서 글을 확장하는 단계이다.
- 의미와 구조를 습득하고 정확성에 중점을 둔 지도가 이루어진다.

(3) 자유로운 쓰기 단계
- 새로운 언어 자료와 그동안 배운 언어 요소를 사용하여 학생들이 자유롭게 글을 쓰는 단계이다.
- 부분적인 정확성보다는 아이디어나 글의 전체적인 구조에 중점을 둔 지도가 이루어진다.

6 쓰기 활동의 실례

1) 일반적인 쓰기 능력 향상을 위한 활동

- 일반적인 쓰기 능력 향상을 위한 연습과 활동 방법으로는 다음과 같은 것들이 있다.

쓰기 연습의 유형16)

내용	연습유형
한글 익히기	자모 익히기 베껴쓰기 받아쓰기
맞춤법	받아쓰기 OX 선다형 문제 틀린 것 고치기
문장 구조	어순 맞추기
문법	( )에 조사 넣기 틀린 문장 고치기 동사 활용하기 문장 형식·긍정·부정·사동·피동·화법 등 변형 OX 사지선다형 문제 표로 문법 규칙 연습하기
어휘	보기에서 적당한 단어 찾아 넣기 단어와 뜻이 맞는 것끼리 연결하기 단어와 연관된 단어를 생각해서 쓰기 단어 뭉치를 만들어 관계있는 단어 쓰기

---

16) 곽지영 외(2007), 248쪽.

(1) 한글 쓰기 연습
 - 한글 자모를 쓰면서 한국어의 기초적인 문자 사용 능력을 키운다.

예시

	ㅏ	ㅓ	ㅗ	ㅜ	ㅡ	ㅣ	ㅐ	ㅔ	ㅚ	ㅟ
ㄱ										
ㄴ										
ㄷ										
ㄹ										
ㅁ										
ㅂ										
ㅅ										
ㅇ										
ㅈ										
ㅊ										
ㅋ										
ㅌ										
ㅍ										
ㅎ										

(2) 한국어 어휘와 구조를 익히기 위한 연습 활동
 - 한국어의 어휘와 맞춤법, 문법 표현 등을 다양한 방법으로 연습하면서 한국어의 구조를 익히고 정확한 문장 쓰기를 연습한다.

① 문장 어순 배열하기

예시

> 보기 좋아합니다 / 한국 음식을 / 저는
> ➡ 저는 한국 음식을 좋아합니다.
>
> ※ 아래 단어를 [보기]와 같이 바른 순서대로 쓰세요.
> 1. 봅니다 / 영화를 / 친구와 / 민영이는
>   ➡
> 2. 학교에 / 갑니다 / 매일 / 지수는
>   ➡
> 3. 커피를 / 마십니다 / 아침에 / 영호는
>   ➡
> 4. 공부합니다 / 집에서 / 오늘 / 우리는
>   ➡

② 문장 형식 바꾸기

예시

> 보기 아이가 책을 읽습니다.
> ➡ 엄마가 아이에게 책을 읽힙니다.
>
> ※ 아래 문장을 [보기]와 같이 바꿔 쓰세요.
> 1. 동생이 밥을 먹습니다. ➡ 누나가 동생에게 _____
> 2. 아이가 옷을 입습니다. ➡ 아빠가 아이에게 _____
> 3. 학생이 책을 읽습니다. ➡ 선생님이 학생에게 _____

③ 문장 완성하기

　　예시

> 보기   배가 아파서 병원에 갑니다.
>
> ※ [보기]와 같이 뒷부분을 적어 보세요.
> 1. 날씨가 좋으니까 _____
> 2. 배가 고프지만 _____
> 3. 영화를 보는데 _____
> 4. 친구를 만나고 _____

④ 이야기 완성하기

　　예시

> ※ 다음 글을 이어서 써 보세요.
>
> 　드디어 한국에 도착했다. 인천 공항에서 내리니 모든 것이 새로웠다. 사람들도 많고, 한국어로 쓰인 간판들이 보였다. 조금 긴장되었지만, 공항 직원들이 친절하게 도와주어서 문제없이 짐을 찾을 수 있었다. 밖으로 나오니 시원한 바람이 불었다.
> 　택시를 타고 숙소로 향했다. _____
> _____
> _____
> _____
> _____

(3) 작문 연습

- 학생들에게 주제를 알려 주고 해당 주제에 대한 자신의 생각을 적어 보게 한다.
- 학습자들의 수준에 따라 소재를 구상하게 하거나 글을 쓰는 데 필요한 어휘와 표현을 가르쳐 주고 작성해 보게 한다.
- 쓰기가 끝난 후에는 쓴 내용을 발표하거나 서로 바꿔 읽으면서 오류를 수정해 주는 등 심화 활동으로 연결할 수 있다.

예시

여행 경험 쓰기

1. 주제 소개 및 동기 부여
- 주제 소개: "오늘은 여러분이 다녀온 여행에 대해 이야기하고, 이를 글로 써볼 거예요."라고 설명하면서 여행 경험을 떠올리게 한다.
- 질문 던지기: "어디로 여행을 갔나요?", "무엇이 가장 기억에 남나요?"와 같은 간단한 질문을 통해 학생들이 여행에 대한 기억을 떠올리도록 유도한다.

2. 어휘와 표현 학습
- 관련 어휘 소개: 여행, 장소, 활동, 음식, 느낌 등의 핵심 어휘를 소개한다. 예: "비행기", "박물관", "맛있다", "즐겁다" 등.
- 표현 연습: "저는 ~에 갔어요.", "거기서 ~를 했어요.", "그곳은 정말 ~했어요."와 같은 기본 표현을 연습시킨다.
- 짝 활동: 학생들끼리 짝을 지어 서로의 여행 경험을 간단하게 말해 보게 한다. 이 과정을 통해 표현을 자연스럽게 사용하게 한다.

3. 작문 계획 세우기
- 작성할 내용 정리: "여행지 이름", "무엇을 했는지", "어땠는지"와 같은 항목을 제시하며, 각 항목에 대해 간단히 생각해 보게 한다.
- 아이디어 정리: 간단한 메모 형식으로 자신이 쓸 내용을 정리하게

한다. 예: "제주도, 해변, 바다에서 수영, 재미있었어요."
- 문장 연결 연습: 학생들이 정리한 아이디어를 자연스럽게 연결할 수 있도록 짧은 문장들을 만들어 보게 한다.

4. 초안 작성
- 학생들이 배운 어휘와 표현을 사용하여 자신의 여행 경험을 자유롭게 써 보게 한다. 글의 길이는 초급 수준에 맞게 3-5문장 정도로 한다.
- 교사가 돌아다니며 학생들이 작성한 글을 읽고, 필요한 경우 도움을 준다. 문법이나 표현에 어려움을 겪는 학생들에게는 추가 설명을 제공한다.

5. 피드백 및 수정
- 교사가 학생들의 글을 읽고, 잘한 부분과 개선할 부분을 짧게 피드백한다.
- 자기 교정: 학생들이 받은 피드백을 바탕으로 글을 수정해 보게 한다.
- 짝 피드백: 학생들끼리 서로의 글을 읽고, 간단한 의견을 주고받는다. 이를 통해 글의 내용이나 표현을 더 자연스럽게 다듬을 수 있다.

6. 최종 작성 및 발표
- 학생들이 피드백을 반영하여 최종 글을 작성하게 한다.
- 학생들이 자신의 여행 경험에 대해 간단히 발표하게 한다. 발표 후에는 짧은 질의응답 시간을 통해 다른 학생들과 상호작용을 유도한다.
- 발표 후 교사가 학생들의 글과 발표를 평가하며 칭찬과 추가 피드백을 제공한다.

2) 특수 목적 쓰기 능력 향상을 위한 활동

- 사업 목적이나 학문 목적으로 한국어를 배우는 학생들을 위해서 추가적으로 필요한 문서 작성 방법이나 보고서, 논문 쓰기 방법 등을 가르칠 필요가 있다.

(1) 이력서 작성 연습

예시

1. 이력서의 기본 구조 이해하기
- 이력서 샘플 소개: 한국어로 작성된 기본적인 이력서 샘플을 보여주고, 주요 항목(개인정보, 학력, 경력, 자격증, 자기소개 등)을 설명한다.
- 항목별 설명: 각 항목이 무엇을 의미하는지, 그리고 각 항목에 어떤 정보를 넣어야 하는지를 간단한 예시와 함께 설명한다.
- 문법 및 표현: 항목별로 자주 사용하는 문법(예: '~다', '~이다' 등)과 표현을 소개한다. 예를 들어, 학력란에서는 "OO대학교 졸업"과 같은 표현을 사용함을 설명한다.

2. 개인정보 및 학력 작성 연습
- 개인정보 작성: 이름, 연락처, 주소, 이메일 등 기본적인 개인정보를 작성하게 한다. 학생들이 쉽게 따라할 수 있도록 간단한 문장을 제시한다. (예: "이름: 김철수", "주소: 서울특별시 강남구")
- 학력 작성: 학생들이 자신이 다닌 학교 이름, 전공, 졸업 연도 등을 작성하도록 한다. (예: "OO대학교, 경영학과, 2020년 졸업")

3. 경력 및 자격증 작성 연습
- 경력 작성: 이전 직장이나 인턴십 경험을 간단한 문장으로 작성하게 한다. 이때 직장 이름, 직책, 근무 기간, 주요 업무 등을 포함하도록 지도한다. (예: "OO회사, 마케팅팀, 2019년 6월 ~ 2021년 5월")
- 자격증 작성: 학생들이 자신이 보유한 자격증이나 기술을 간단하게 작성하도록 한다. 자격증 이름과 취득 연도를 포함시킨다. (예: "TOEIC 900점, 2021년 취득")

4. 전체 이력서 작성 및 피드백
- 이력서 초안 작성: 각 항목을 모두 포함하여 이력서를 완성하게 한다. 학생들이 작성한 이력서를 개별적으로 교정해 주고, 부족한 부분이나 수정할 부분을 피드백한다.

- 피드백 제공: 교사는 각 학생의 이력서를 읽고, 문법적 오류, 표현의 적절성, 내용의 구체성 등에 대해 피드백을 제공한다.
- 최종 수정: 학생들이 받은 피드백을 바탕으로 이력서를 수정하고, 최종 이력서를 완성한다.

(2) 보고서 작성 연습

예시

1. 보고서의 기본 구조 이해하기
- 보고서 샘플 소개: 간단한 한국어 보고서 샘플을 보여주고, 주요 구성 요소(표지, 목차, 서론, 본론, 결론, 참고문헌)를 설명한다.
- 각 요소의 역할 설명: 각 구성 요소가 어떤 역할을 하는지, 그리고 어떤 내용을 포함해야 하는지를 설명한다. 예를 들어, 서론에서는 주제를 소개하고, 본론에서는 주제에 대한 구체적인 설명을 제시하며, 결론에서는 요약과 제언을 담는다는 것을 알려준다.

2. 주제 선정 및 자료 조사
- 주제 선정 연습: 학생들이 각자 관심이 있는 주제를 선택하도록 안내하고, 그 주제에 대해 어떤 내용을 쓸 수 있을지 간단한 아이디어를 정리하게 한다.
- 자료 조사 방법: 한국어로 자료를 조사하는 방법을 설명한다. 예를 들어, 인터넷 검색, 도서관 자료 활용, 논문 검색 등의 방법을 안내하고, 신뢰할 수 있는 자료를 선택하는 법을 설명한다.
- 자료 정리: 조사한 자료를 정리하여, 보고서 작성 시 참고할 수 있도록 메모나 요약본을 만들게 한다.

3. 서론 작성 연습
- 서론 구성 요소: 서론에서 다루어야 할 주요 요소(주제 소개, 연구 목적, 보고서의 구조 등)를 설명하고, 간단한 예시 문장을 제시한다.
- 어휘, 문법 지도: 서론에서 자주 사용되는 어휘와 문법을 가르치고 표현을 적절하게 사용할 수 있도록 지도한다.

- 서론 작성: 학생들이 자신의 주제에 맞는 서론을 간단하게 작성해 보도록 한다. 작성한 서론은 교사가 개별적으로 피드백을 제공하고, 수정할 수 있도록 돕는다.

4. 본론 작성 연습
- 본론의 구조: 본론에서 각 단락이 어떻게 구성되어야 하는지(주제문, 설명, 예시, 근거 등)를 설명한다. 예: "첫 번째 단락에서는 주제에 대한 배경 정보를 설명하고, 두 번째 단락에서는 구체적인 사례를 제시한다."
- 논리적 흐름: 각 단락 간의 논리적 흐름을 유지하는 방법을 설명한다. 연결어(그리고, 그러나, 그래서 등)를 사용해 문장과 문단을 연결하는 법을 연습시킨다.
- 본론 작성: 학생들이 자신의 주제에 맞게 본론을 작성하도록 한다. 작성된 본론에 대해 교사가 피드백을 제공하고, 학생들이 논리적 흐름을 더 명확히 할 수 있도록 돕는다.

5. 결론 작성 연습
- 결론 구성 요소: 결론에서 다루어야 할 요소(요약, 결과, 제언 등)를 설명하고, 간단한 예시 문장을 제시한다.
- 어휘, 문법 지도: 결론에서 자주 사용되는 어휘와 문법을 가르치고 표현을 적절하게 사용할 수 있도록 지도한다.
- 결론 작성: 학생들이 본론에서 다룬 내용을 바탕으로 결론을 작성하도록 한다. 결론 작성 후 교사가 피드백을 제공하고, 필요하면 수정할 수 있도록 돕는다.

6. 참고문헌 작성 및 최종 보고서 작성
- 참고문헌 작성: 학생들에게 참고문헌의 중요성을 설명하고, 한국어로 참고문헌을 작성하는 방법(APA, MLA 등)을 간단히 소개한다.
- 최종 보고서 작성: 학생들이 서론, 본론, 결론, 참고문헌을 포함한 최종 보고서를 작성하도록 한다. 작성된 보고서는 교사가 종합적으로 피드백을 제공하고, 수정할 수 있도록 돕는다.
- 자기 점검: 최종 보고서를 제출하기 전에 학생들이 스스로 점검할 수

있는 체크리스트를 제공하여, 보고서의 완성도를 높일 수 있도록 유도한다.

7. 발표 및 피드백
- 보고서 발표: 학생들이 자신이 작성한 보고서를 간단하게 발표하게 한다. 발표 후, 다른 학생들과 교사가 피드백을 제공한다.
- 최종 수정: 발표 후 받은 피드백을 바탕으로 보고서를 최종 수정하고, 제출하게 한다.

내용 확인하기

1. 다음은 한국어 학습 단계에서 몇 급의 쓰기 목표일까요?

> 일상에서 자주 접하는 소재의 글을 쓸 수 있으며, 간단한 메시지의 작성이나 교환 등 기초적인 의사소통 기능을 수행할 수 있다.

① 1급　　　② 3급　　　③ 5급　　　④ 6급

2. 다음은 쓰기 과정에서 어느 단계에 활용할 수 있는 전략일까요?

> 브레인스토밍, 목록화, 다발 짓기 등

① 구상 개요 단계　② 초고 작성 단계　③ 다시 쓰기 단계　④ 글 완성 단계

정답
1. ①
2. ①

 더 생각해 보기

1. 여러분이 가르치게 될 학습자들은 어떠한 장르의 쓰기를 주로 하게 될까요?
2. 학습자들의 쓰기 능력을 신장시킬 수 있는 활동으로 어떤 것들이 있을지 생각해 봅시다.

참고문헌

강현화 외(2021), 한국어표현교육론, 한국문화사.

김선정 외(2010), 한국어표현교육론, 형설출판사.

문화체육관광부고시 제2020-54호(2020.11.27.), 한국어표준교육과정, 문화체육
관광부 국립국어원.

서울대학교 한국어문학연구소 외(2017), 한국어 교육의 이론과 실제, 아카넷.

이정희 외(2007), 유학생을 위한 한국어 글쓰기의 기초, 하우.

Brown, H. D.(1994), Principles of Language Learning and Teaching, Prentice Hall Regents.

Christopher Tribble(2003), Writing(쓰기), 김지홍 역, 범문사.

9. 한국어 듣기 교육 방법

학습목표

1. 의사소통 과정에서 이해 기능의 특징을 설명할 수 있다.
2. 듣기의 개념과 특성을 제시할 수 있다.
3. 듣기 교육의 자료와 듣기 전략을 설명할 수 있다.
4. 듣기 활동 유형을 제시할 수 있다.

 생각해보기

1. 우리는 일상 생활에서 어떤 종류의 이야기를 많이 듣고 있나요?
2. 한국어 듣기 능력을 발달시키기 위해서는 어떤 연습이 필요할까요?

9 한국어 듣기 교육 방법

1 이해 기능의 특징

- 이해 기능은 음성이나 문자로 전해지는 메시지를 이해하는 기능이다.
- 음성 언어로 전달되는 메시지를 이해하는 듣기와 문자 언어로 전달되는 메시지를 이해하는 읽기가 포함된다.

	표현 영역	이해 영역
음성 언어	말하기	듣기
문자 언어	쓰기	읽기

- 이해 기능은 언어 학습의 전반적인 과정에서 중심적인 역할을 하며 언어 사용의 기반이 된다. 충분한 듣기가 이루어져야 말하기가 가능하고 읽기를 통해 어휘력과 문장력이 신장된다.
- 특히 이해 기능은 요즘 같은 정보 사회에서는 다양한 정보의 획득을 위해 매우 중요한 기능이다.

- 지금까지 언어 교육에서 이해 교육은 수동적이고 보조적인 기능으로 이해되어 왔지만, 이해 활동 또한 학습자가 능동적으로 참여하여 효과적으로 이해하는 능력을 기르게 해야 한다.

2 듣기의 기념과 특성

1) 듣기의 개념
- 듣기란 담화 관계자 사이에 음성 언어를 매개로 하여 이루어지는 의사소통 활동으로, 듣기에는 화자, 청자가 참여한다.
- 청자는 화자로부터 정보를 전달받고 이를 이해하여 처리하게 되는데, 이때 '이해'란 화자의 의도를 파악하고 들은 내용 중 선별적으로 정보를 선택하며, 다음 단계에서 취할 행동 등을 파악하면서 들어야 한다는 것을 뜻한다.
- 듣기에서는 맥락(context)이 중요하다. 맥락이 결여된 듣기에서는 모어 사용자도 듣기 이해 과정에 어려움을 겪는다.
- 맥락과 함께 청자와 화자의 배경지식, 문화에 대한 지식의 정도에 따라 이해 정도가 달라진다.

2) 듣기의 중요성
- 듣기는 의사소통의 네 가지 기능(말하기, 듣기, 읽기, 쓰기) 중 일상생활에서 가장 많은 비중을 차지한다.
- Morley(1991)는 평균적으로 듣는 활동에 할애하는 시간이 말하기의 2배, 읽기의 4배, 쓰기의 5배라고 하였다.
- 외국어 교육에서 듣기는 다음과 같은 점에서 중요하다.
    ① 언어 교실에서 입력물을 적정 수준으로 이해하지 못하면 학습이 시작될 수 없기 때문에 중요하다.
    ② 학습자에게 목표어의 입력물을 제공하며 말하기, 쓰기 읽기 능력

으로 전이가 빠르기 때문에 듣기 교육이 중요하다.

③ 읽기, 쓰기와 달리 음성 언어를 매개로 하므로 내용 보존이 쉽지 않고 자기 주도적 학습이 쉽지 않으므로 교사로부터 적합한 자료 제공과 적절한 지도를 받아 가며 듣기 능력을 신장시키는 것이 중요하다.

3) 듣기의 단계

들리기(hearing) : 음성 지각 단계	- 단순히 소리를 인식하는 단계 - 의미를 이해하려는 적극적인 노력이 없음 예) 길을 걷다가 한국어 대화가 들리지만 신경 쓰지 않음 　　TV에서 흘러나오는 한국어 소리가 그냥 배경음처럼 들림
듣기(listeing) : 의미 이해 단계	- 특정 정보를 얻기 위해 의식적으로 듣는 단계 - 문장 단위로 의미를 파악하지만 완전한 이해는 아닐 수도 있음 예) 뉴스에서 중요한 단어를 들으려고 집중 　　강의에서 교수님의 설명을 이해하려고 노력
청해(auding) : 심층적 이해 단계	- 들은 내용을 완전히 이해하고 해석하는 단계 - 문맥과 상황을 고려하여 의미를 파악하며 필요하면 응답까지 가능 예) 한국어 강의를 듣고 내용을 정리하며 필기 가능 　　친구의 질문을 듣고 적절하게 답변할 수 있음

- 대부분의 한국어 듣기 교육은 듣기(listening) 단계에 비중을 두고 있다. 그러나 다양한 목표를 가진 학습자들의 증가에 따라 다양한 듣기와 청해 학습이 교육 과정에 적절히 반영될 필요가 있다.

3 듣기 교육의 목표와 내용

1) 듣기 교육의 목표

- 듣기 교육의 목표는 한국어를 바르게 이해함으로써 한국어로 원활한 의사소통이 이루어지게 하는 것이다.
- 한국어를 정확하게 이해하기 위해서는 발음과 억양을 익힐 뿐만 아니라 담화 상황에 따른 한국인의 표현을 알아야 하며 한국인의 관습과 전통 등의 문화적인 상황도 고려하여 이해해야 한다.
- 또한 듣기는 자체만으로 끝나는 것이 아니라 들은 후 말하기나 쓰기 등의 반응으로 이어져야 하므로 다른 언어 기능과 통합적으로 지도해야 한다.
- 학습자의 한국어 능력 수준에 맞추어 단계적으로 듣기의 성취 수준을 높여갈 필요가 있다.
- 2002년 11월 27일에 문화체육관광부에서 고시한 '한국어 표준 교육과정'의 듣기 교육목표와 성취 기준을 살펴보면 다음과 같다.

듣기 등급별 목표

급	목표
1	기초적이고 일상적인 내용의 짧은 대화를 이해할 수 있으며, 인사나 소개 등의 의사소통 기능을 수행할 수 있다.
2	일상적으로 접하는 공적 상황에서의 간단한 대화를 이해할 수 있으며, 정보에 관해 묻고 답하기, 허락과 요청 등의 의사소통 기능을 수행할 수 있다.
3	자주 접하는 사회적 상황에서의 대화를 이해할 수 있으며, 권유나 조언 등의 의사소통 기능을 수행할 수 있다.
4	친숙한 사회적·추상적 소재나 직장에서의 기본적인 업무와 관련된 담화를 이해할 수 있으며, 동의와 반대, 지시와 보고 등의 의사소통 기능을 수행할 수 있다.
5	사회 전반에 대한 소재와 자신의 업무나 학업과 관련한 담화를 이해할 수 있으며, 업무 보고, 협의 등의 의사소통 기능을 수행할 수 있다.
6	전문적이거나 학술적인 영역의 담화를 이해할 수 있으며, 설득이나 권고 등의 의사소통 기능을 수행할 수 있다.

듣기 등급별 성취 기준

급	성취 기준
1	• 주변에서 자주 접하게 되는 일상적인 소재의 대화를 이해할 수 있다. • 개인적이고 친숙한 상황에서의 대화를 이해할 수 있다. • 단순한 정보를 파악하거나 들은 내용의 대략적인 의미를 이해할 수 있다. • 정형화된 표현이나 한두 문장 내외의 간단한 대화를 이해할 수 있다. • 기초 어휘와 기본적인 구조의 문장을 듣고 이해할 수 있고, 분명하고 천천히 말하는 모국어 화자의 발화를 이해할 수 있다.
2	• 일상에서의 친교적인 대화나 구체적인 소재의 대화를 이해할 수 있다. • 친숙한 공공장소나 비격식적 상황에서 사용되는 표현이나 내용을 이해할 수 있다. • 명시적인 정보를 통해 담화 상황이나 발화의 주요 정보 등을 파악할 수 있다. • 두 차례 이상의 말차례를 가진 대화나 간단한 안내 방송 등의 발화를 이해할 수 있다. • 간단한 문장 구조를 알고, 빠르지 않은 모국어 화자의 발화를 이해할 수 있다.
3	• 자신의 삶과 관련된 사회적 소재의 대화를 이해할 수 있다. • 공적 관계의 사람들과 격식적 상황에서 이루어지는 담화를 이해할 수 있다. • 담화의 주요 내용과 화자의 의도를 파악하며 전반적인 내용을 이해할 수 있다. • 복잡한 일상 대화나 쉬운 수준의 안내, 인터뷰 등을 이해할 수 있다. • 다양한 문장 구조를 알고, 정확한 억양과 보통의 속도로 말하는 모국어 화자의 발화를 이해할 수 있다.
4	• 직업, 교육 등과 같은 보편적인 사회적·추상적 소재의 담화를 이해할 수 있다. • 업무 상황이나 공적인 상황에서 사용되는 표현이나 내용을 이해할 수 있다. • 담화의 주요 내용과 구체적인 세부 정보를 대부분 파악할 수 있다. • 정형화된 구조와 형식을 갖춘 인터뷰, 뉴스 등을 이해할 수 있다. • 다양하고 복잡한 구조의 문장을 알고, 자연스러운 억양과 속도로 말하는 모국어의 발화를 이해할 수 있다.
5	• 사회적·추상적 소재나 자신의 전문 분야에 대한 담화를 이해할 수 있다. • 일부 전문적이고 격식적인 상황에서 이루어지는 담화를 이해할 수 있다. • 발화의 주요 내용 및 세부 내용을 이해하고 드러나지 않은 화자의 의도를 파악할 수 있다. • 다양한 서사 구조의 영화, 다큐멘터리, 교양 프로그램 등을 이해할 수 있다. • 업무와 학업에 필요한 어휘와 표현을 알고, 발화자의 의도에 따라 발음, 억양, 속도 등이 달라지는 모국어 화자의 발화를 이해할 수 있다.
6	• 자신이 종사하는 전문 분야에 등장하는 대부분의 소재를 다룬 담화를 이해할 수 있다. • 대부분의 전문적 상황에서 이루어지는 격식적인 담화를 이해할 수 있다. • 발화의 논리적 흐름과 인과 관계를 분석하고 내용을 추론하며 의미를 파악할 수 있다. • 복잡한 논리 구조의 대담과 강연, 토론 등을 이해할 수 있다. • 전문적이고 학술적인 표현을 알고, 발음, 억양, 속도 등에서 개인적 특성이 드러나는 모국어 화자의 발화를 이해할 수 있다.

2) 듣기 교육의 내용
- 원활한 의사소통이 가능하도록 듣기 능력을 향상시킬 수 있는 교육 내용을 마련해야 한다.

(1) 기초 듣기 능력
- 한국어의 발음, 억양, 리듬 등을 익히기 위해 기본적인 듣기 연습을 한다. 이는 단어, 구, 짧은 문장 등 기본적인 내용을 듣고 이해하는 능력을 기르는 데 중점을 둔다.

(2) 상황별 듣기 훈련
- 일상생활, 학교, 직장 등 다양한 상황에서의 대화를 듣고 이해하는 연습을 한다. 이는 실제 생활에서의 한국어 사용에 도움이 된다.

(3) 다양한 텍스트 이해
- 뉴스, 드라마, 영화, 라디오 방송 등 다양한 매체에서 제공되는 한국어 텍스트를 듣고 이해하는 훈련을 한다. 이를 통해 학습자는 여러 가지 주제와 상황에서의 한국어를 익히게 된다.

(4) 문화적 맥락 이해
- 한국의 문화, 관습, 사회적 규범 등을 이해하기 위해 문화적 맥락에서의 듣기 교육을 포함한다. 이는 한국어를 더 깊이 이해하는 데 도움이 된다.

(5) 실제 대화 연습
- 학습자들끼리 또는 교사와의 실제 대화를 통해 듣기 능력을 향상시킨다. 이는 학습자가 실제로 한국어를 사용할 수 있는 기회를 제공하며, 실질적인 의사소통 능력을 기른다.

(6) 문제 해결과 과제 중심 듣기
- 특정 문제를 해결하거나 과제를 수행하기 위해 필요한 정보를 듣고 이해하는 연습을 한다. 이는 학습자가 실생활에서 필요한 정보를 듣고 사용할 수 있도록 돕는다.

4 듣기 자료의 활용

1) 듣기 자료의 종류

- 듣기 자료는 한국어로 이루어지는 모든 의사소통 상황의 대화나 이야기가 자료가 될 수 있다.

듣기 자료	활용 방안	교육적 효과
주변 듣기	지하철, 식당, 거리 등에서 이루어지는 대화 자료를 듣게 함	화제의 중심 내용을 파악하고 말하는 사람들의 정보를 추측하게 됨
안내 방송	공항, 지하철 역 등에서 안내되는 방송을 들려 줌	핵심 정보를 파악하고, 억양과 어조를 통해 강조하는 부분에 초점을 두고 듣게 함
뉴스나 일기 예보 듣기	핵심적인 내용에 관심을 두고 나머지 부분은 흘려 듣게 됨	선별적으로 정보를 파악하면서 듣는 능력을 기르게 함
전화 듣기	비언어적인 요소의 도움 없이 언어적인 요소만으로 내용을 파악해야 하고 통신 기기상의 잡음으로 듣기 능력이 매우 필요함	시작 부분에서 전화를 건 사람과 전화의 목적을 파악, 전화 통화를 이어가기 위한 담화 전략이 선행되어야 함.
연예 오락 방송 시청하기	관심 있는 내용에 흥미를 가지고 듣게 됨	사회적, 문화적으로 필요한 선행 지식을 제공해 주고 듣게 함
영화 관람 / 드라마 시청하기	이야기의 흐름을 파악하는 것이 주된 목적	비언어적 요소를 통해서 의미를 파악하는 훈련을 하기에 좋은 자료임
노래 듣기	목표 언어권의 문화를 직접 경험해 보게 하는 활동	가사 내용에만 몰입하지 않고 음악적으로 반복되는 부분이나 강조되는 부분의 구절을 따라하면서 전후의 내용을 유추해 보는 식으로 활용

강의 듣기	학문 목적 한국어 학습자에게 필수적인 듣기 자료, 전체적인 주제 파악과 동시에 세부적인 내용을 기억하는 활동이 동시에 이루어짐	강의 주제에 대한 예습으로 선행 지식을 갖추게 함, 들으면서 필기하는 기법 개발, 담화 표지에 관심을 가지면서 강의 흐름에 대해서 파악하는 훈련이 가능

2) 듣기 자료의 활용
- 실제 자료를 그대로 활용할 때에는 아래와 같은 문제점이 발생할 수 있다.

(1) 실제 자료 사용 시 문제점

① 짜임새 없는 말과 불완전한 문장
  - 실제 자료에는 구조가 맞지 않는 말, 불완전한 문장, 주제와 어울리지 않는 발화, 잡음 등이 포함되어 있어 이해하기 어렵다.
② 비언어적 요소의 전달 어려움
  - 표정이나 몸짓과 같은 비언어적 요소가 포함되어 있어 녹음하거나 전사(轉寫)할 때 내용을 제대로 전달하기 어렵다.
③ 비표준 발음과 어휘 사용
  - 실제 자료에는 비표준 발음, 억양, 어휘가 사용될 수 있어 학습자가 이해하는 데 어려움을 겪을 수 있다.
④ 난이도의 불균형
  - 자료의 난이도가 고르지 않아 학습자의 수준에 맞게 활용하기가 어렵다.

(2) 실제 자료 가공 및 활용 방법
- 실제 자료를 듣기 자료로 사용할 때에는 자료를 가공하거나 참고하여 새로운 자료를 창작하여 사용하기도 한다. 실제 자료를 가공할 때에는 다음과 같은 점에 주의해야 한다.

① 문장 수정
- 온전한 문장으로 수정한다.
② 배경지식 제공
- 배경지식을 지문이나 대화로 제공하여 선지식 없이도 이해할 수 있도록 한다.
③ 표준어 사용
- 가능한 한 표준어를 사용한다.
④ 난이도 조정
- 어휘나 문법 항목을 대치하거나 생략하여 난이도를 조정한다.
⑤ 효과음 사용
- 지하철이나 버스의 안내 방송에서 나오는 효과음을 경우에 따라 포함하여 대화 장소나 소재에 대한 힌트를 제공한다.
⑥ 자연스러운 발화 상황
- 발화 상황과 대화 흐름이 자연스럽도록 수정한다.

5 듣기 전략의 종류

- 효과적인 듣기를 위해 교사와 학습자에게는 전략이 필요하다.

1) 교사 전략
- 듣기에 대한 부담감을 줄이고 듣기에 흥미를 갖도록 도와주어야 한다.
- 모든 단어를 다 들어야 한다는 강박 관념에서 탈피시킨다. 집중해서 들어야 할 것을 사전에 알려주고 다 듣지 않고 전반적인 내용을 이해할 수 있도록 유도한다.
- 들어야 하는 이유를 분명히 알려 준다.
- 몸짓, 표정, 시청각 자료를 많이 활용한다.
- 과제 중심적인 듣기 교육을 한다.
- 듣기의 결과를 가시적으로 표현하는 듣기 활동을 다양하게 구성한다.

- 듣기 자료는 인지 능력을 고려하여 흥미있는 것으로 고른다.
- 교실에서 한국어를 많이 사용한다.
- 중요한 듣기 전략(내용 예측하기, 추론하기, 맥락 파악하기, 담화 유형과 표지 인식하기 등)을 지도한다.

2) 학습자 전략
- 들은 내용 중 중요한 부분을 식별해서 듣도록 노력한다.

① 전체 내용 이해하기
- 제목이나 주제를 보고 들을 내용을 예측한다.
- 듣기 전에 화자가 말할 내용을 예측해 본다.
- 언어 외적인 면을 통해 대화의 분위기를 파악한다.
- 대화의 주제를 계속 생각하면서 듣는다.
- 자신의 배경지식을 이용하여 의미를 파악한다.
- 상식을 이용하여 상황과 참여자, 발화 목적에 대한 정보를 얻는다.
- 발화 상황에 근거하여 이해한다.
- 빠른 속도나 어려운 말에 집착하거나 집중하지 않는다.
- 안 들리는 개별적 음운에 대해 걱정하지 않는다.

② 핵심 내용 파악하기
- 말의 속도가 변화하거나 목소리의 크기가 변할 때는 주의해서 듣는다.
- 반복되는 표현에 주의하면서 듣는다.
- 목표로 하는 정보를 구하기 위해서 듣는다.
- 중요한 정보를 적으면서 듣는다.
- 필기한 내용을 순서대로 정렬하는 방법을 고안한다.

③ 의미 파악하기
- 끊어 말하는 단위를 파악하면서 듣는다.
- 특정 의미를 표현하는 데 다양한 문법 구조를 활용할 수 있음을

기억하면서 듣는다.
- 모르는 단어는 문맥에서 의미를 유추한다.
- 중심 생각을 지지해 주거나 핵심 정보가 되는 세부 사항을 기억한다.
- 통계나 숫자가 중요한 근거가 되는 내용에서는 숫자 정보에 주의한다.
- 접속 부사나 보조사는 명제 간의 논리적 관계에 힌트를 제공하므로 이를 통해 의미 관계를 파악한다.
- 예시나 부연 설명, 반의 표명, 화제 전환 등을 나타내기 위해 사용되는 한국어의 담화 표지를 활용하여 관계를 파악한다.

④ 상호 작용 활용
- 이해가 안 되는 경우 질문하거나 반응을 보인다.
- 이해한 것은 청자 반응 신호를 통해 이해 여부를 표시한다.

⑤ 듣기 전략 점검
- 듣는 동안 내용을 제대로 이해하고 있는지를 점검한다.
- 모국어 환경에서 실생활 듣기 이해 과정을 모방한다.

3 듣기 활동의 유형

- 일반적인 듣기 활동은 듣기가 진행되는 동안의 활동과 듣고 바로 응답하는 활동을 가리킨다.
- 언어 교육에서의 듣기 활동은 듣기 행위가 의사소통에 기여하도록 하고 수업이 학습자의 듣기 전략을 적극적으로 개발할 수 있도록 돕는 모든 활동을 말한다.
- 듣기 활동은 주로 듣기 전 활동➡듣기 활동➡듣기 후 활동으로 진행된다.

1) 듣기 전 활동
- 듣기 활동을 진작하기 위해서 듣기 전에 이루어지는 활동이다.

- 들을 내용의 배경이나 맥락을 만들어 주어 학습자가 들을 내용을 예측하게 한다.
- 맥락에 대한 이해는 들은 내용을 더 정확하고 쉽게 이해하도록 도우며 듣기 전 정보를 통해 듣기 활동에 자신감을 갖게 된다. 또한 학습자의 참여를 유도하여 수업을 역동적으로 만들 수 있다.
- 학습자의 배경지식을 이끌어 내는 활동과 어휘/문법 같은 언어적 정보를 미리 학습하여 배울 내용을 강화하는 활동으로 진행된다.

(1) 배경지식 활성화 활동
- 학습자 개개인이 가지고 있는 주제에 대한 지식과 경험을 끌어내어 다른 학습자들과 공유하는 활동이다.

① 교사 질문에 대답하기
- 학생의 경험이나 습관, 생각이나 반응 등에 대해 질문하여 들을 내용에 대한 맥락을 형성해 준다.
- 들을 내용과 관계가 있는 질문, 학생과 관계가 있는 질문으로 유도한다.

② 시각 자료 이용하기
- 언어 자료로 이루어지는 수업에 변화를 주고 학습자의 시선을 집중시키는 효과가 있다.
- 들을 내용에 대해 정확한 방향으로 예측하게 하여 학습자의 두뇌 활동을 활성화하는 데 도움을 준다.

③ 관련 어휘 예측하기
- 들을 내용에 나올 어휘를 예측하게 한다.
  예) 장소를 묘사하는 내용을 듣기 전에 장소에서 볼 수 있는 도구나 시설물 어휘를 예측하게 하기, 도구에 관한 듣기 활동 전에 도구의 재료나 크기, 용도에 관한 단어를 미리 예측하게 하기 등

(2) 정보 강화 활동
- 들을 내용 속에 나오는 어휘, 문화, 사회적 정보를 미리 학습하는 활동이다.

① 어휘(표현) 학습하기
- 생소한 어휘나 표현이 많으면 들을 내용에 대한 집중력이 떨어지고 자신감이 감소하므로 미리 어휘와 표현을 알려줄 필요가 있다.
- 주로 텍스트나 사진, 또는 그림으로 어휘를 제시한다.

② 화자 정보 파악하기
- 말하는 사람이 누구인지 알면 듣기 상황 파악에 도움이 되므로 화자 정보를 미리 제공할 수 있다.

③ 관련 자료 읽기
- 유사한 자료를 읽기로 제시하여 비슷한 내용을 읽어본 후에 내용을 듣게 한다.
- 사전 학습으로 들을 내용의 이해를 촉진시키고 문어와 구어의 문체, 표현 등을 비교하게 한다.
  예 뉴스 듣기 전 신문 기사 읽기, 요리 방송 듣기 전 요리법 읽기, 여행지 소개 듣기 전 안내 책자 읽기 등

④ 교사의 이야기 듣기
- 들을 내용의 난이도가 높거나 실제 자료에서 이해가 모호한 부분이 있을 때, 듣기 전 자료로 마땅한 것이 없을 때 이용한다.
- 이야기를 구체화해서 설명해 주거나 듣기 자료의 일부를 말해 줄 수 있으며 듣기 자료의 배경이 되는 사건이나 사고에 대해서도 알려 줄 수 있다.

2) 듣기 본 활동

- 언어 수업에서 듣기 본 활동은 실제로 어떤 내용을 들은 직후에 이루어지는 활동이다.
- 학습자가 가시적으로 표현할 수 있는 것은 들은 결과이므로 학습자들이 듣기 활동에 집중하고 유용한 듣기 전략을 사용할 수 있도록 유도한다.
- 듣기의 목적을 분명하게 부여하여 의사소통적이고 실제적인 듣기로 유도할 수 있게 한다.

(1) 들은 내용 OX 표시하기

- 유형이 단순하여 초급 단계에서 많이 사용하며, 중급 단계에서도 간단한 듣기 활동에서 사용 가능하다.

예시

※ 들은 내용과 그림이 같으면 O, 다르면 X로 표시하세요.

[듣기 지문]
1. 여자: 스키를 타 봤어요?
   남자: 네, 작년 겨울에 타 봤어요.
2. 남자: 김치를 담가 봤어요?
   여자: 아니요, 담가 본 적이 없어요. 해 보고 싶어요.

1. (   )　　　　2. (   )

(2) 들은 내용 고르기
- 가장 일반적인 유형으로 음 식별하기, 질문에 대한 대답을 고르기 등의 활동으로 진행된다.

① 음 식별하기

예시

※ 다음을 듣고 들은 것과 같은 소리를 고르세요.

[듣기 지문] 1. 애 2. 얘 3. 와 4. 워 5. 의

1. ① 애 ② 예
2. ① 왜 ② 얘
3. ① 와 ② 외
4. ① 워 ② 웨
5. ① 위 ② 의

② 질문에 대한 대답 고르기

예시

※ 다음을 듣고 질문에 맞는 답을 고르세요

[듣기 지문]
우리 동아리는 자연을 좋아하는 사람들이 모여 함께 산에 오르는 모임입니다. 현재 회원 수는 20명 정도이고, 매주 토요일 오전 9시에 모여요. 초보자도 쉽게 참여할 수 있고, 산을 오르며 건강도 챙기고 친구도 사귈 수 있습니다. 등산을 하면서 자연의 아름다움을 느끼고 싶다면, 언제든지 함께 하세요!

1. 이 동아리의 목적은 무엇입니까? (   )
    ① 등산   ② 언어 교환   ③ 친구 사귀기
2. 내용을 듣고 알 수 없는 것을 고르십시오. (   )
    ① 회원 수 ② 모이는 시간 ③ 모이는 장소

(3) 들은 내용 나열하기
- 듣고 순서대로 재배치하는 활동으로 그림이나 단어, 문장을 배치하도록 한다.
- 시간적 순서에 따라 진행되는 하루 일과, 여행의 여정, 요리법, 일처리 순서 등을 확인할 때 주로 활용한다.

예시

※ 다음을 듣고 오늘 영수 씨가 한 일을 순서대로 표시하세요.

[듣기 지문]
영수 씨는 오늘 아침에 일어나서 도서관에 갔어요. 도서관에서 책을 읽고 숙제도 했어요. 그리고 오후에는 슈퍼마켓에 가서 채소를 산 후에 집에 와서 요리를 했어요. 참, 슈퍼마켓에 가기 전에 커피숍에서 예진 씨를 만나서 이야기도 했어요.

( )   ( )   ( )

(4) 들은 내용 쓰기
- 들은 내용을 학습자가 직접 쓰는 활동으로 학습자의 듣기 능력을 신장시키며 메모하는 전략을 신장시킨다.
- 받아쓰기, 도표나 그림에 쓰기, 맥락 내에서 쓰기, 질문에 대답 쓰기 등의 활동으로 구성할 수 있다.

① 도표 완성하기

예시

※ 다음을 듣고 주문서를 완성하세요.

[듣기 지문]

식당 직원: 뭘 드시겠어요?
마리 : 전 냉면을 먹고 싶어요.
영민 : 물냉면은 맵지 않고 비빔냉면은 조금 매워요. 무슨 냉면을 드시겠어요?
마리 : 저는 매운 걸 못 먹으니까 물냉면을 먹을게요.
영민 : 저는 비빔냉면을 먹을게요. 이 집 군만두도 맛있는데 드실래요?
마리 : 좋아요. 그럼 군만두도 1인분 주세요.

주 문 서		
메 뉴	가 격	수 량
물냉면	10,000원	
비빔냉변	10,000원	
군만두	6,000원	
찐만두	6,000원	

② 질문에 대답 쓰기

예시

※ 다음을 듣고 질문에 맞는 답을 쓰십시오..

[듣기 지문]
이번 역은 신길, 신길 역입니다. 내리실 문은 왼쪽입니다. 방화나 상일동, 마천 방면으로 가실 손님은 이번 역에서 5호선으로 갈아타시기 바랍니다.

1. 마천 쪽으로 가려면 몇 호선으로 갈아타야 합니까? 쓰십시오.

_____

(5) 들은 내용 그리기
- 들을 내용의 일부나 발화 상황이 그림으로 제시되어 있는 상태에서 그림을 추가하는 활동이다.
- 쓰기 능력이 충분하지 않은 초급 학습자들이 듣기 활동을 원활하게 진행할 수 있도록 하는 유형이다.

예시

※ 다음을 듣고 질문에 맞는 답을 쓰십시오..

[듣기 지문]
남자 : 에이미 씨, 몇 시에 만날까요?
여자 : 수업이 3시에 끝나니까 3시 10분에 만나요.

1. 두 사람은 몇 시에 만날까요? 시계에 그려 보세요.

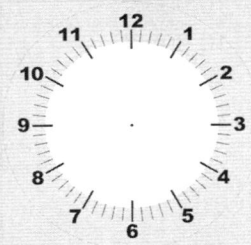

(6) 중심 내용 파악하기
- 정보를 듣고 전체적인 맥락에서 종합해 내는 사고력을 요하는 활동이다.
- 직접 중심 생각을 묻거나 제목을 파악하는 등 종합적 듣기 능력을 요구하는 활동으로 구성된다.

예시

※ 다음 대화에서 남자의 중심 생각은 무엇입니까?

[듣기 지문]
여자: 팀장님은 면접을 보실 때 지원자에게서 가장 먼저 확인하는 게 뭔가요?
남자: 저는 그 사람이 다른 직원들과 팀워크를 잘 이룰 수 있는지를 가장 먼저 봅니다. 회사는 함께 일하는 곳이니까요.
여자: 그렇군요. 그럼 경력이나 실력은 어떻게 보시나요?
남자: 물론 경력과 실력도 중요합니다. 하지만 가장 중요한 것은 다른 사람과 잘 어울릴 수 있는 성격이라고 생각합니다.

① 회사는 여러 사람이 모여서 일하는 곳이다.
② 성격이 능력보다 더 중요하다.
③ 회사에서 능력이 중요하다.
④ 면접에서 경력을 중시한다.

(7) 추리하기

- 듣고 즉각적인 판단이 가능한 추리 문제이다.
- 듣기 내용 전, 후의 사건 추리하기, 대화가 이루어지는 장소 추리하기 등으로 구성된다.

예시

※ 다음 대화가 이루어지는 장소는 어디일까요?

[듣기 지문]
손님: 안녕하세요? 이 소포를 보내고 싶어요.
직원: 안녕하세요? 어디로 보내실 건가요?
손님: 미국으로 보낼 거예요.
직원: 네, 여기 올려놓으세요. 요금은 3만 5천 원입니다.
손님: 네, 여기요. 감사합니다.

① 은행　　② 공항　　③ 여행사　　④ 우체국

(8) 반응하기
- 들은 내용에 대해 학습자가 대화의 파트너가 되어 역할을 수행하는 유형이다.
- 인사에 대한 반응, 질문에 대한 응답 등을 확인하는 활동으로 구성된다.

예시

※ 다음에 이어질 여자의 말로 자연스러운 것을 고르세요.

[듣기 지문]
남자: 며칠 전부터 두통이 심한데 이유를 모르겠어요.
여자: 요즘 회사 일로 스트레스가 심한 거 아니에요?
남자: 회사 일이 좀 많기는 하지만 스트레스가 쌓일 일은 없었는데요.
여자:

① 그래서 두통이 심한 가 봐요.
② 그럼 회사를 옮겨 보는 게 어때요?
③ 그럼 스트레스를 줄여 보는 게 어때요?
④ 그래도 병원에 가서 진찰을 받아 보는 게 어때요?

3) 듣기 후 활동
- 학습자의 언어 학습 효과를 극대화하기 위해 들은 내용을 활용하여 또 다른 언어 훈련을 도모하는 활동이다.
- 들은 내용을 학습하는 활동, 들은 내용을 비판·적용하는 활동, 들은 내용과 관련된 확장 활동으로 이루어진다.

(1) 들은 내용을 학습하는 활동
- 들은 내용을 부분적, 집중적으로 다시 이해하고 학습하여 배운 내용을 정리한다.
- 듣기 활동에서 배운 단어나 문법을 복습하거나 들은 내용을 요약하도록 한다.

예시

> [듣기 지문]
> 안녕하세요, 여러분. 오늘은 국산품 애용의 중요성에 대해 말씀드리겠습니다. 국산품을 사용하는 것은 단순히 우리 경제를 지키는 것 이상의 의미가 있습니다. 국산품을 구입하면 국내 기업들이 성장하고, 그로 인해 더 많은 일자리가 창출됩니다. 이는 우리 사회의 경제적 안정을 높이는 데 큰 기여를 합니다. 또한, 국산품은 국내 소비자의 요구에 맞춰 개발되기 때문에 품질이 뛰어나고 신뢰할 수 있습니다. 국산품 애용은 우리 모두가 함께 성장할 수 있는 길입니다. 앞으로 더 많은 관심과 참여를 부탁드립니다.
>
> ※ 위에서 들은 내용을 요약해 봅시다.

(2) 들은 내용을 비판, 적용하는 활동
- 학습자가 들은 내용에 대해 자신의 생각을 반영하여 반응하는 유형이다.
- 논평하기, 토론하기, 문제 해결하기 등으로 진행할 수 있다.

예시

> [듣기 지문]
> 안녕하세요, 여러분. 오늘은 국산품 애용의 중요성에 대해 말씀드리겠습니다. 국산품을 사용하는 것은 단순히 우리 경제를 지키는 것 이상의 의미가 있습니다. 국산품을 구입하면 국내 기업들이 성장하고, 그로 인해 더 많은 일자리가 창출됩니다. 이는 우리 사회의 경제적 안정을 높이는 데 큰 기여를 합니다. 또한, 국산품은 국내 소비자의 요구에 맞춰 개발되기 때문에 품질이 뛰어나고 신뢰할 수 있습니다. 국산품 애용은 우리 모두가 함께 성장할 수 있는 길입니다. 앞으로 더 많은 관심과 참여를 부탁드립니다.
>
> ※ 위에서 들은 국산품 애용의 중요성에 대한 여러분의 의견을 말해 보세요.

(3) 들은 내용과 관련된 확장 활동
- 들은 내용과 관련하여 개인적인 경험으로 확장시켜 말하거나 들은 내용과 관련된 읽기 활동으로 연결시킬 수 있다.

예시

※ 위에서 들은 내용과 반대의 입장에서 쓰여진 아래 글을 읽고 여러분의 생각을 말해 봅시다.

> 국산품 애용이 강조되는 가운데, 무조건 국산품만을 고집하는 것이 오히려 우리 경제에 해를 끼칠 수 있다는 의견도 나오고 있다. 해외 제품은 종종 혁신적이며, 가격 경쟁력 또한 뛰어나다. 이러한 제품을 사용하는 것은 소비자에게 더 나은 품질과 효율성을 제공한다. 또한, 국내 기업들도 글로벌 시장에서 경쟁력을 높이기 위해 지속적인 혁신과 개선을 추구하게 된다. 따라서 국산품만을 선택하기보다는 다양한 제품을 비교하고 선택하는 것이 소비자와 경제 모두에게 더 큰 이익을 가져다줄 수 있다는 점을 고려해야 한다.

내용 확인하기

1. 듣기는 (음성 언어/문자 언어)로 이루어지는 (이해 활동/표현 활동)이다.

2. 다음 중 원활한 듣기 활동을 위한 교사의 전략으로 적절하지 않은 것을 고르십시오.
   ① 들어야 하는 이유를 알려 준다.
   ② 모든 단어를 다 집중해서 듣게 한다.
   ③ 중요한 듣기 전략을 학생들에게 지도한다.
   ④ 듣기의 결과를 가시화할 수 있는 듣기 활동을 다양하게 구성한다.

정답
1. 음성 언어, 이해 활동
2. ②

 더 생각해 보기

1. 여러분이 외국어를 배울 때 듣기 능력 향상을 위해서 활용했던 방법이 있었는지 생각해 봅시다. 혹은 외국어를 잘 하는 주변 지인들에게 확인해 봅시다.
2. 한국어 학습자들이 한국어 듣기 능력을 키우는 데에 도움이 될 만한 한국 드라마나 방송 영상 등으로 어떤 것이 있을지 생각해 봅시다.

참고문헌

강현화 외(2021), 한국어이해교육론, 한국문화사.

국제한국어교육학회(2009), 한국어이해교육론, 형설출판사.

문화체육관광부고시 제2020-54호(2020.11.27.), 한국어표준교육과정, 문화체육관광부 국립국어원.

서울대학교 언어교육원. (2005). 외국어로서의 한국어 교육: 이론과 실제. 서울: 박이정.

양명희, 김정남(2011), 한국어듣기교육론, 신구문화사.

연세대학교 한국어학당(2011), 한달완성 한국어 중급 듣기, 연세대학교 대학출판문화원.

이정희 외. (2011). 외국어로서의 한국어 교육론. 서울: 도서출판 하우.

Morley, J. (1991). The Pronunciation Component in Teaching English to Speakers of Other Languages. TESOL Quarterly, 25(1), 51-74.

10. 한국어 읽기 교육 방법

학습목표

1. 읽기의 개념과 특징을 제시할 수 있다.
2. 읽기 교육의 목표와 읽기 전략을 설명할 수 있다.
3. 읽기 활동 유형을 제시할 수 있다.

 생각해보기

1. 한국어 학습자들이 글을 읽고 이해하기 위해서 어떤 지식과 능력이 필요할까요?
2. 한국어 학습자들을 가르칠 때 꼭 소개하고 싶은 읽기 자료(노래 가사, 문학 작품, 에세이 등)이 있나요?

10 한국어 읽기 교육 방법

1 읽기의 개념과 특성

1) 읽기의 정의
- 읽기란 글에 제시되어 있는 정보와 독자 자신의 배경지식을 결합하여 의미있는 정보를 얻고 이해하는 과정을 말한다. 이때, 읽기 과정에는 글로 나타난 정보뿐만 아니라 글에 포함되어 있지 않은 정보를 추론해 내는 행위까지 포함되어야 한다.
- 읽기는 텍스트와 독자의 상호활동에서 이루어지는 이해 처리 과정이라고 할 수 있다.

2) 읽기에 대한 관점
(1) 전통적인 관점
 - 전통적인 관점에서 읽기는 텍스트로부터 의미를 구성하는 활동을

뜻한다. 즉 저자가 쓴 텍스트를 독자가 읽으면서 글쓴이의 의도와 의미를 파악하는 과정을 읽기라고 보는 것이다.

(2) 상호 작용적 관점
- 상호작용적 관점에서는 읽기를 글과 독자가 상호작용하며 의미를 새롭게 구성해 내는 과정으로 이해한다.
- 즉, 저자가 쓴 동일한 텍스트에 대해서 여러 가지 독자의 변인 - 언어학적 변인(어휘, 문법적 지식 등), 비언어학적 변인(배경지식, 과정 전략, 읽기 목적이나 관점 등)에 따라 읽기 과정에서 서로 다른 의미를 창출해 낼 수 있다고 보는 것이다.

3) 읽기의 특성
① 읽기는 수동적이 아닌 능동적 활동이다.
  - 읽는 방식, 의미 해석, 반응 등을 독자가 자발적으로 결정할 수 있다.
② 읽기는 목적에 따라 선별적으로 텍스트를 선택한다.
  - 정보 획득, 지식 확장, 정서적 위안, 호기심 충족 등 목적에 따라 원하는 텍스트를 선택한다.
③ 읽기는 선택된 텍스트를 동일하지 않은 방법으로 해석한다.
  - 읽기 목적과 텍스트 유형에 따라 다른 방법으로 이해할 수 있다.
④ 읽기는 작가뿐 아니라 독자도 텍스트로부터 새로운 의미를 창출해 낼 수 있다.
  - 인쇄된 지면의 정보뿐 아니라 스키마(선행 지식)의 상호작용에 의해 내용을 새롭게 해석하게 되며, 이때 저자가 의도하지 않은 새로운 의미를 창출하게 되기도 한다.
⑤ 읽기 능력은 점진적으로 발달되므로 유창한 읽기(속독)에 도달하려면 장기적인 노력이 필요하다.
  - 언어적, 논리적, 사회·문화적 배경지식, 전략적 지식을 함께 교육해야 한다.

2 읽기 교육의 목표 및 내용

1) 읽기 교육의 목표

- 읽기 교육의 목표는 문어(글)로 제공되는 한국어 정보를 이해하여 궁극적으로 의사소통 능력을 향상하는 데에 있다.
- 읽기 교육의 1차 목표는 어휘, 문법 등 언어 능력의 향상이며 2차 목표는 학습자 중심의 읽기 능력을 향상시켜 한국의 사회와 문화에 대한 정보를 습득하고 이해할 수 있도록 하는 것이다. 이를 위해 한국어 숙달도에 따라 단계적인 목표를 가지고 지도해야 한다.
- 2020년 11월 27일에 문화체육관광부에서 고시한 '한국어 표준 교육과정'에서는 쓰기의 단계별 목표와 성취 기준을 제시하고 있다.

읽기 등급별 목표

급	목표
1	일상에서 자주 접하는 짧은 글을 이해할 수 있으며, 단순한 정보의 이해나 교환 등 기초적인 의사소통 기능을 수행할 수 있다.
2	주변에서 접하게 되는 공적 상황에서의 글을 이해할 수 있으며, 메시지의 이해나 교환 등의 의사소통 기능을 수행할 수 있다.
3	자신의 삶과 관련된 사회적 소재의 글을 이해할 수 있으며, 필자의 생각을 이해하고 정보를 교류하는 등의 의사소통 기능을 수행할 수 있다
4	평소에 관심이 있는 사회적·추상적 주제에 대한 글을 이해할 수 있으며, 필자의 생각이나 의도를 이해하는 등의 의사소통 기능을 수행할 수 있다.
5	사회적이거나 일부 전문적인 내용의 글을 이해할 수 있으며, 의견이나 주장에 대한 이해와 공유 등의 의사소통 기능을 수행할 수 있다.
6	전문적이거나 학술적인 소재의 글을 이해할 수 있으며, 필자의 의견을 논리적으로 이해하고 판단하는 등의 의사소통 기능을 수행할 수 있다

읽기 등급별 성취 기준

급	성취 기준
1	• 일상적이고 구체적인 소재에 대한 글을 읽고 이해할 수 있다.

	• 개인적인 상황에서 사용되는 글을 읽고 이해할 수 있다. • 읽은 내용을 대체로 이해하고 간단한 정보를 확인할 수 있다. • 짧은 생활문이나 간단한 안내 표지, 간판 등을 읽을 수 있다. • 발음과 표기가 다를 수 있음을 알고 기초 어휘와 짧은 문장을 바르게 읽을 수 있다.
2	• 경험적이고 생활적인 소재에 대한 글을 읽고 이해할 수 있다. • 일상에서 흔히 접하는 공적인 글을 읽고 이해할 수 있다. • 읽은 내용을 전반적으로 이해하고 필요한 정보를 파악할 수 있다. • 안내문, 메모 등과 같은 단순한 구조의 실용문이나 생활문을 읽을 수 있다. • 구조가 단순한 문장으로 구성된 글을 읽고 이해할 수 있다.
3	• 친숙한 사회적 주제에 관한 글을 읽고 이해할 수 있다. • 불특정 다수나 사회적 맥락의 독자를 대상으로 한 격식적인 글을 읽고 이해할 수 있다. • 글의 핵심 내용을 이해하고 세부 정보를 파악할 수 있다. • 다양한 종류의 실용문이나 복잡한 구조의 생활문, 단순한 구조의 설명문을 읽을 수 있다. • 다소 복잡한 구조의 문장이 포함된 글을 읽고 이해할 수 있다.
4	• 친숙한 사회적·추상적 주제에 관한 글을 읽고 정확하게 이해할 수 있다. • 익숙한 업무 상황에서 사용되는 격식적인 글을 읽고 이해할 수 있다. • 글의 주요 내용과 글의 목적을 파악하며 이해할 수 있다. • 복잡한 구조의 설명문이나 단순한 구조의 논설문, 비교적 쉽고 길이가 짧은 문학작품을 읽을 수 있다. • 비교, 대조, 나열 등의 전개 방식을 파악하여 복잡한 구조의 문장이 포함된 글을 이해할 수 있다.
5	• 사회 전반에 대한 주제나 자신의 전문 분야에 관한 글을 읽고 이해할 수 있다. • 업무나 학업 맥락에서 사용되는 격식적인 글을 읽고 이해할 수 있다. • 글의 논리적 흐름을 파악하고 핵심 내용과 세부 내용을 구분하여 이해할 수 있다. • 복잡한 구조의 논설문, 길이가 짧고 전개 구조가 단순한 문학작품을 읽을 수 있다. • 문단에서 활용된 정의, 인용, 부연, 분석 등 다양한 전개 방식을 파악하여 글을 이해할 수 있다.
6	• 사회·문화적 특수성이 드러나는 소재나 전문 분야의 글을 읽고 이해할 수 있다. • 전문적이거나 학술적인 상황에서 사용되는 격식적인 글을 읽고 이해할 수 있다. • 글의 논리적 의미 관계를 파악하고 필자의 의도를 추론하여 글을 이해할 수 있다. • 평론, 보고서, 논문 등의 논리적 구조와 형식을 갖춘 글, 복잡하지 않은 구조의 문학작품을 읽을 수 있다. • 비유나 함축과 같은 문학적 표현과 다양한 수사법에 대한 이해를 바탕으로 글을 이해할 수 있다.

2) 읽기 교육의 내용

- 한국어로 쓰여진 다양한 텍스트를 읽고 내용을 이해하는 데서 더 나아가 비판적으로 사고하고 판단할 수 있도록 교육 내용을 구성해야 한다.

(1) 기초 어휘와 문법
- 학습자가 읽기를 통해 기본적인 어휘와 문법 구조를 익힐 수 있도록 한다.

(2) 다양한 텍스트 유형
- 이야기, 기사, 에세이, 편지 등 다양한 텍스트 유형을 통해 다양한 문체와 표현을 접할 수 있도록 한다.

(3) 문화적 맥락 이해
- 텍스트를 통해 한국 문화, 관습, 역사 등을 이해할 수 있도록 돕는다.

(4) 독해 전략
- 텍스트의 주제 파악, 요약하기, 세부 정보 찾기, 추론하기 등의 독해 전략을 가르친다.

(5) 비판적 읽기
- 텍스트의 내용을 그대로 수용하지 않고 스스로의 시각에서 판단하고 평가하는 능력을 기른다.

(6) 읽기 속도 향상
- 다양한 텍스트를 통해 읽기 속도를 높이는 연습을 한다.

3 읽기 자료의 활용

1) 읽기 자료의 종류
- 문법 번역식 교수법에서는 실생활적인 것보다는 지식의 수용이나 지력(智力) 연마를 위한 자료가 많이 사용되었다.

예 고전 명서, 문학 작품
- 의사소통 중심 교수법에서는 실생활에 필요한 다양한 자료로 인식이 전환되어 실생활에서 접하는 모든 자료가 읽기 자료가 된다고 보았다.
  예 소설책, 희곡, 시, 편지, 노트, 신문, 잡지, 수필, 사무용 편지, 팸플릿, 교과서, 요리책, 광고, 만화, 여행 안내서, 상품 안내서, 경고, 안내, 포스터, 메뉴, 시간표, 전화번호부, 지도, 사전 등
- 한국어 읽기 교육을 위해서는 학습자들에게 어떤 유형의 자료가 필요한지 파악하고, 자료 유형에 따라 적절한 읽기 지도 방안을 선택해야 하는 것이 중요하다.

2) 읽기 자료의 활용

- 읽기 자료를 선택할 때에는 다음의 내용에 유의해야 한다.

(1) 내용
- 학습자에게 흥미를 주는 자료인가?
- 모국어 화자가 많이 읽는 책이 어떤 종류인지 파악할 뿐만 아니라 학습자의 관심 분야를 조사해서 학습자들이 흥미를 가질 만한 자료로 준비해야 한다.

(2) 학습적 유용성
- 학습자의 능력을 발달시킬 수 있는 자료인가?
- 다양한 글쓰기 전략을 사용할 수 있는 자료, 현실 생활에 활용될 수 있는 실생활 자료를 선택해야 한다.

(3) 난이도
- 학생들이 이해할 만한 자료인가?
- 학습자가 알고 있는 단어와 문법을 고려해서 자료를 선택해야 한다. 대부분의 학습자들이 이해할 만한 어휘와 문법, 주제를 고려하여 자료를 선택하고 수준에 맞지 않는 학습자에게는 보충자료를 통해 보완하도록 한다.

(4) 다양성
- 자료의 구성이 다양한가?
- 특정 주제나 관점으로 편중되지 않고 다양한 사고가 가능하도록 다양한 주제, 다양한 장르, 다양한 관점에서 쓰여진 읽기 자료를 준비한다.

(5) 실제성
- 실생활에서 접하는 자료인가?
- 실제 자료에 가까울 수록 흥미를 유발하고, 학습 의욕을 고취시키며, 자연스럽고 응집성이 있기 때문에 가급적 실제성을 띠고 있는 자료를 선정하도록 한다.

 더 알아보기

읽기 자료로 실제 자료가 좋을까? 교사가 제작하는 것이 좋을까?

실제 자료		교사가 만든 자료
▶ 어휘, 문법 통제가 되지 않아 가르치기에 부담스러움	VS	▶ 이야기가 자연스럽지 않고 인위적이어서 실자료와 거리감이 있음

[교수 TIP]
- 실제 자료를 선택할 때는 어휘와 문법을 적절한 수준으로 고쳐서 사용해야 하고, 교사가 인위적으로 만들 경우에는 이야기의 흐름과 내용이 자연스럽도록 수정해야 한다.
- 수정할 때는 글의 특성이나 담화 구조는 원본대로 살리되 문법이나 어휘 등을 단순화하는 방식으로 하고, 교사가 직접 만드는 경우에는 부자연스러운 부분이 없는지 동료 교사로부터 검토를 받는 것이 좋다.

---

(6) 저작권
- 다른 사람의 글이나 책 내용을 사용할 경우 저작권을 침해하지 않도록 사전에 허락을 받아야 한다. 수업 중에 사용할 때는 크게 문제가 되지 않지만 교재로 출간할 경우에는 특히 신중을 기해야 한다.

4 읽기 전략의 종류

1) 읽기 전략이란
- 독자가 글을 읽을 때 사용하기 위해 의식적으로 선택하는 정신적 과정을 말한다.
- 독자가 읽기 과정에서 의도하는 목적과 목표를 달성하기 위해서 선택하고 통제하는 의도적인 행동이다.

2) 읽기 전략의 유형
- 빠르고 효과적인 읽기를 위해서는 다양한 읽기 전략을 활용하는 것이 좋다.
- 읽기 전략은 학습자가 텍스트를 더 효과적으로 이해하고, 독해 능력을 향상시키는 데 중요한 역할을 한다.
- Cohen(1990)에서 제시한 읽기 전략은 다음과 같다.

(1) 인지 전략 (Cognitive Strategies)
- 인지 전략은 텍스트의 의미를 파악하고 이해하는 데 직접적으로 사용되는 정신적 활동이다.

① 추론하기
- 단어의 의미를 문맥을 통해 추측하거나, 모르는 단어를 사전에서 찾아보지 않고 전체 문장의 의미를 통해 이해하려고 노력한다.

② 요약하기
- 읽은 내용을 짧게 요약하여 주요 아이디어를 파악한다. 이는 학습자가 중요한 정보를 기억하고 전체적인 내용을 이해하는 데 도움이 된다.

③ 텍스트 구조 인식
- 텍스트의 구조를 이해하고, 예를 들어 서론, 본론, 결론의 구성 요소를 파악하여 내용의 흐름을 쉽게 따라갈 수 있도록 한다.

(2) 메타인지 전략 (Metacognitive Strategies)
- 메타인지 전략은 학습자가 자신의 이해 과정을 모니터링하고 조절하는 데 사용된다. 이는 자기 점검과 계획, 평가를 포함한다.

① 계획하기
- 읽기 전에 텍스트의 목적과 목표를 설정하고, 어떤 정보를 얻고자 하는지 계획한다. 이는 학습자가 텍스트를 더 집중해서 읽고 중요한 정보를 놓치지 않도록 한다.

② 모니터링하기
- 읽는 동안 자신의 이해도를 계속 점검한다. 이해가 되지 않는 부분이 있을 때, 다시 읽거나 다른 방법을 사용해 내용을 파악하려고 노력한다.

③ 평가하기
- 읽기 후에 자신의 이해도를 평가하고, 필요한 경우 내용을 다시 복습하거나 보충 자료를 통해 부족한 부분을 채운다.

(3) 사회적/정서적 전략 (Social/Affective Strategies)
- 사회적/정서적 전략은 읽기 활동에서 다른 사람들과의 상호작용을 통해 의미를 공유하고, 정서적인 측면을 관리하는 데 중점을 둔다.

① 토론하기
- 텍스트에 대한 이해를 깊이 하기 위해 다른 사람들과 내용을 토론한다. 이는 다양한 관점을 접하고 자신의 이해를 확인하는 데 도움이 된다.

② 질문하기
- 모르는 부분이나 이해가 되지 않는 부분에 대해 질문을 통해 명확히 한다. 이는 학습자가 더 적극적으로 텍스트를 탐구하게 한다.

③ 감정 조절
- 읽는 동안 발생할 수 있는 불안이나 좌절감을 관리한다. 긍정적인 태도를 유지하고, 어려운 부분이 있을 때 스스로에게 동기를 부여한다.

3) 단계에 따른 읽기 전략
- 수업 단계에 따라 적절한 읽기 전략을 사용할 수 있다.

(1) 읽기 전 단계 전략
- 읽기 내용과 관련된 배경지식을 활성화하는 단계로 관련 지식이나 경험 등을 활용하여 글의 장르, 전체적인 구조, 주제 등을 예측하는 전략을 활용할 수 있다.

① 제목과 목차 보고 내용 유추하기
② 머리말을 통해 저자의 의도 파악하기
③ 자료의 첫 단락과 마지막 단락을 읽어보기
④ 훑어 읽기(Skimming)
  - 2~3분 안에 전체 글을 읽으면서 전반적인 글의 내용이나 구성을 파악할 수 있게 한다. 이 전략을 통해 읽기 속도와 이해도를 증진시킬 수 있다.
⑤ 특정 정보 찾기(Scanning)
  - 특정 정보(날짜, 숫자, 중요한 개념 등)를 찾기 위해서 짧은 시간 동안 빨리 읽는 방법이다.
⑥ 시각 자료를 보고 내용 생각하기

(2) 읽기 단계 전략
- 읽기 자료를 실제로 읽는 단계로 학습자가 자신의 읽기 기술과 전략 활용을 연습하는 단계이다. 이 단계에서는 내용 파악을 위한 전략, 독해 과정이나 독해 정도를 점검하는 전략, 읽기 전략의 조정 등이 이루어진다.

① 훑어 읽기
  - 첫 단계에서 전반적인 이해를 위해 훑어 읽은 후 다음 단계에서 세부 정보를 찾는다.
② 글의 내용에 표시하기

- 중심어, 주제문, 뒷받침 문장 등에 표시하면서 핵심 내용을 파악해 간다.
③ 담화 표지어에 주의하기
- 담화 표지어(접속사, 지시어 등)에 표시하면서 읽어 글의 구조와 내용 파악에 집중한다.
④ 의미 단락을 끊어서 이해하기
- 주어와 서술어를 파악하고, 의미 단위로 끊어 읽으면서 내용을 이해한다.
⑤ 메모하기
- 주요 정보나 글의 구성파악을 위해 페이지 여백에 메모나 요점을 정리하면서 읽는다.
⑥ 글의 구조 도식화하기
- 문장 간의 관계, 주제의 전환 등을 파악하기 위해서 주요 내용을 표나 그림으로 나타내 본다.
⑦ 모르는 단어 추측하기
- 모르는 단어는 맥락이나 주어진 정보를 이용하여 의미를 추측해 본다.

(3) 읽기 후 단계 전략
- 읽기 후 단계에서는 글의 이해를 높이고 장기 기억에 도움을 주는 전략을 사용한다.
① 읽은 내용 요약하기
② 읽은 내용을 표, 그래프, 그림으로 정리하기
③ 자기 질문을 통해 내용 확인하기
④ 읽은 내용에 대해 비판과 감상하기
⑤ 새롭게 알게 된 것에 대해 확인하기
⑥ 읽기 전 추측한 내용과 읽은 내용이 일치하는지 확인하기
⑦ 간단한 독서감상문 또는 독서 노트 정리하기

(4) 읽기 전략의 사용
- 읽기 전략을 누가 사용하는가, 어떤 글을 읽을 때 사용하는가, 어떤 상황에서 사용하는가, 어떤 목적을 가지고 사용하는가에 따라 그 유용성이 달라진다.
- 따라서 읽기 전략과 활용 방법에 대한 체계적인 교육이 이루어져야 한다.

5 읽기 활동의 유형

- 읽기 활동이란 읽기 수업을 수행하면서 학습자의 텍스트 이해를 돕고 궁극적으로 읽기 능력의 향상을 도모하기 위해 행해지는 모든 읽기 관련 활동을 말한다.
- 읽기 수업의 진행 과정에서 다양한 활동이 행해진다.

1) 읽기 전 활동
- 읽기 전 활동의 목적은 학습자가 텍스트의 의미를 원활하게 해석할 수 있도록 도움을 주며 주제에 대한 학습자의 경험과 지식 중에서 어떤 것을 선택해서 텍스트를 해석할 것인지 방향을 잡는 것이다.

(1) 사전 검사 및 질문하기
- 학습자가 현재 가지고 있는 언어적, 문화적 지식이 어느 정도인지, 앞으로 읽을 내용이 수용 가능한지를 확인하는 활동이다
- 교사와 학습자 간 문답 형식으로 이루어지지만 질문지를 통해서 확인할 수도 있다.

(2) 제목이나 삽화로 유추하기
- 책이나 기사 등의 제목이나 삽화(그림책의 경우)를 통해 어떤 내용일지 유추해 보는 활동이다.

(3) 어휘 가르치기
- 어려운 어휘는 문맥 속에서 파악하는 것이 좋지만, 때로는 어휘장을 통해서 미리 관련 어휘를 학습한 후 읽는 것이 효과적일 때도 있다.

(4) 배경지식 제공하기
- 읽을 내용과 관련 있는 정보를 제공하여 읽기 자료에 대한 이해를 돕는다.

(5) 글의 구조 제시하기
- 텍스트의 종류에 따라 특징적인 형식을 알려주고 이해하도록 한다.
  예) 편지, 초대장, 카드, 신문기사, 공고문, 자기소개서 등

예시

편지의 구조	신문 기사의 구조
받는사람	대제목
첫인사	소제목
본문	사건 개요
끝인사	(육하원칙에 따라 기술)
쓴 날짜	사건 설명
쓴 사람	차후 전망

(6) 인물 관계 정보 제공하기
- 인물의 관계가 복잡한 소설 등에서 인물 관계에 대한 정보를 미리 제공한 후 그 관계를 염두에 두고 글을 이해하도록 안내한다.

예시

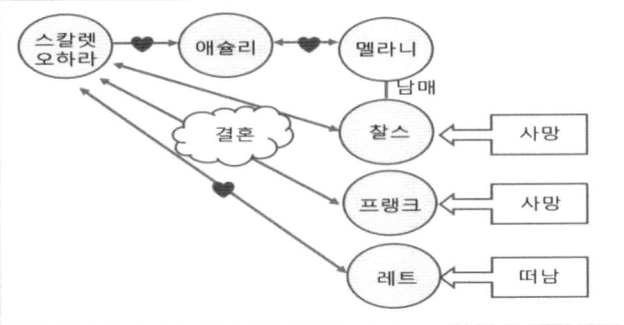

소설 '바람과 함께 사라지다'의 인물 관계도

2) 읽기 본 활동

- 읽기 본 활동의 목적은 학습자가 텍스트를 읽어 가면서 글의 내용과 구조를 제대로 파악하도록 하는 것이다. 즉, 텍스트를 통해 정보를 얻고 필자의 의도를 해석하는 활동이다.

(1) 글의 구조 파악하기

- 편지, 초대장, 카드, 신문 기사, 공고문 등 글의 구조가 명시적인 텍스트를 읽을 때 활용할 수 있다.

예시

편지의 구조 파악하기	
그리운 사라에게	받는사람
그동안 잘 지냈니? 연락을 자주 하지 못해서 미안해. 너와 함께 한국에서 공부했던 시간이 정말 그리워. 한국어 수업에서 너와 함께 했던 기억이 아직도 생생해.	첫인사
요즘 나는 한국에서 대학원에 입학하려고 열심히 준비하고 있어. 가끔 힘들 때마다 너와 웃으며 공부했던 순간들이 생각나. 너도 몽골에서 잘 지내고 있길 바랄게. 방학이 되면 몽골에 꼭 가고 싶어. 다시 만나서 많은 이야기를 나누자.	본문
그때까지 건강하게 잘 지내. 다시 연락할게.	끝인사
2024년 11월 11일	쓴 날짜
알리나가	쓴 사람

(2) 빨리 읽고 요점 파악하기(Skimming)와 빨리 읽고 정보 파악하기(Scanning)
- 글의 전체적인 내용, 혹은 중요한 정보 파악을 위해서 첫 번째 읽기에서 요점 파악하기, 다음 읽기에서는 특정 정보 파악하기로 활용 가능하다.

예시

건강한 삶을 위한 습관

건강한 삶을 위해서는 몇 가지 중요한 습관을 지키는 것이 필요합니다.
첫째, 규칙적인 운동이 중요합니다. 매일 30분 정도의 가벼운 운동을 하면 몸이 건강해지고 스트레스도 줄일 수 있습니다. 예를 들어, 걷기, 달리기, 자전거 타기 같은 활동을 해보세요.
둘째, 건강한 식습관을 유지하는 것이 중요합니다. 과일, 채소, 단백질이 풍부한 음식을 먹고, 너무 기름지거나 달콤한 음식은 피하는 것이 좋아요. 하루 세 끼를 규칙적으로 먹고, 물을 충분히 마시는 것도 잊지 마세요.
셋째, 충분한 수면을 취하는 것이 필요합니다. 잠을 잘 자야 몸과 마음이 휴식을 취할 수 있습니다. 매일 7-8시간 정도 잠을 자고, 일정한 시간에 잠자리에 들도록 노력하세요.

1. 빨리 읽고 요점 파악하기(1분)
   - 이 글의 중심 내용은 무엇입니까?
2. 빨리 읽고 정보 파악하기(3분)
   - 건강한 삶을 위해 필요한 세 가지 습관을 말해 보세요.
   - 건강에 도움이 되는 음식은 어떤 음식입니까?

(3) 어휘 의미 유추하기
- 모르는 어휘를 전체 내용을 통해서 유추하게 하는 활동이다. 읽기 속도의 향상과 문맥 파악 능력을 키울 수 있다.

> 예시 ※ 읽기 본문은 위 예시(건강한 삶을 위한 습관)와 동일

> 1. '규칙적이다'
>   - 첫 번째 문단에서 '규칙적이다'의 뜻은 무엇일까요?
>   - '규칙적이다'와 비슷한 뜻으로 쓰인 단어를 찾아 봅시다.
>   - '규칙적'으로 하는 일에는 무엇이 있을까요?
> 2. '기름지다'
>   - 두 번째 문단에서 '기름지다'의 뜻은 무엇일까요?
>   - '기름진' 음식에는 어떤 음식이 있을까요?

(4) 이어질 내용 예측하기
 - 뒤에 이어질 내용을 예상해 봄으로써 학습자가 텍스트에 대한 기대감을 갖도록 유도한다.

> 예시
>
> ※ 이 글의 뒤에는 어떤 이야기가 이어질까요?
> '마지막으로' 뒤에 나올 내용을 예측해서 써 보세요.
>
> ### 건강한 삶을 위한 습관
>
> 건강한 삶을 위해서는 몇 가지 중요한 습관을 지키는 것이 필요합니다.
> 첫째, 규칙적인 운동이 중요합니다. 매일 30분 정도의 가벼운 운동을 하면 몸이 건강해지고 스트레스도 줄일 수 있습니다. 예를 들어, 걷기, 달리기, 자전거 타기 같은 활동을 해보세요.
> 둘째, 건강한 식습관을 유지하는 것이 중요합니다. 과일, 채소, 단백질이 풍부한 음식을 먹고, 너무 기름지거나 달콤한 음식은 피하는 것이 좋아요. 하루 세 끼를 규칙적으로 먹고, 물을 충분히 마시는 것도 잊지 마세요.
> 셋째, 충분한 수면을 취하는 것이 필요합니다. 잠을 잘 자야 몸과 마음이 휴식을 취할 수 있습니다. 매일 7-8시간 정도 잠을 자고, 일정한 시간에 잠자리에 들도록 노력하세요.
> 마지막으로, _____
> _____
> _____

(5) 내용 추론해서 빈칸 채우기

- 노출된 본문의 내용을 바탕으로 빈칸을 채우는 활동이다. 독해 능력, 추론 능력, 쓰기 능력이 요구된다.

예시

※ 빈 칸에 들어갈 말을 적어 보세요.

철수와 수민이는 친한 친구입니다. 두 사람은 서로 다른 취미를 가지고 있지만, 그 덕분에 더 많은 이야기를 나눌 수 있습니다.
철수의 취미는 ㉠_____입니다. 그는 새로운 탐험을 하고 다양한 문화를 경험하는 것을 좋아합니다. 주말이면 가까운 도시를 다녀오고, 방학 때는 해외로 가기도 합니다. 철수는 새로운 사람들을 만나고, 맛있는 음식을 먹으며, 아름다운 풍경을 사진으로 남기는 것을 즐깁니다.
수민이의 취미는 ㉡_____입니다. 그녀는 다양한 장르의 영화를 보는 것을 좋아합니다. 특히 주말에는 집에서 편하게 영화를 보면서 시간을 보내는 것을 즐깁니다. 수민이는 영화를 보고 나서 친구들과 영화의 줄거리나 메시지에 대해 이야기하는 것을 좋아합니다.
이렇게 철수와 영희는 서로 다른 취미를 가지고 있지만, 그 취미를 통해 서로에게 새로운 것을 배우고 더 가까워질 수 있습니다.

(6) 글의 순서 맞추기

- 전체적인 읽기를 유도하는 데 도움이 되는 활동이다. 학습자의 언어적 감각을 키우고 논리적 사고를 발전시킬 수 있다.

예시

※ 다음의 글을 순서대로 나열하려고 합니다. 빈칸에 알맞은 순서를 적어 보세요.

(1) 떡, 어묵, 대파, 고추장, 고춧가루, 설탕, 간장, 물, 다진 마늘을 준비하세요. 어묵과 대파는 먹기 좋은 크기로 잘라주세요.

( ) 떡이 부드러워지고 양념이 잘 배면, 대파를 넣고 2-3분 더 끓여주세요.

( ) 냄비에 물 2컵(약 400ml)을 붓고, 만들어 놓은 양념장을 넣고 잘 풀어줍니다. 끓기 시작하면 떡과 어묵을 넣고 중간 불에서 끓여주세요.

( ) 큰 볼에 고추장 2큰술, 고춧가루 1큰술, 설탕 1큰술, 간장 1큰술, 다진 마늘 1작은술을 넣고 잘 섞어 양념장을 만듭니다.

( ) 떡볶이가 걸쭉해지고 맛이 잘 배어들면 불을 끄고 접시에 담아내세요.

3) 읽기 후 활동

- 읽기 후 활동의 목적은 읽은 내용을 정리하여 장기 저장할 수 있도록 하는 것과 다른 활동으로 확장하여 종합적 언어 능력을 높이는 것이다.

(1) 텍스트 다시 읽기

- 설명을 통해서 끊어진 텍스트의 흐름을 연속적으로 파악하기 위해 글 전체를 처음부터 끝까지 다시 읽는다.

(2) 어휘 확인하기

- 읽기 활동 중 나왔던 어휘의 의미와 용법을 다시 정리하는 것으로 이해 어휘를 표현 어휘로 전환시키는 활동이다.

예시

※ [보기]에서 적절한 어휘를 골라서 빈칸을 채워 보세요.

> 보기   습관, 운동, 달콤하다, 규칙적이다, 수면

1) 좋은 _____ 을/를 꾸준히 지키는 것이 건강에 매우 중요합니다.
2) 매일 아침 _____ 을/를 하면 하루를 활기차게 시작할 수 있어요.
3) 이 과자는 너무 _____ 어서/아서 한 개만 먹어도 충분해요.
4) 그는 매일 _____ ㄴ/은 시간에 식사를 해서 건강을 유지합니다.
5) 충분한 _____ 을/를 취하면 다음 날 더 활기차게 지낼 수 있습니다.

(3) 내용 이해 질문하기

- 본문의 내용을 제대로 이해했는지를 확인하는 활동이다.

예시 ※ 읽기 본문은 위 예시(건강한 삶을 위한 습관)와 동일

1. 매일 하면 도움이 되는 가벼운 운동의 예를 적어 보세요.
2. 건강을 위해 피해야 하는 음식은 어떤 것이 있을까요?
3. 건강에 도움이 되는 수면 습관 두 가지를 적어 보세요.

(4) 중심 생각 정리하기와 요약하기

- 요약 전에 단락별 중심 내용을 찾아 보고 이를 모아서 완결된 요약문을 작성한다.

예시 ※ 읽기 본문은 위 예시(건강한 삶을 위한 습관)와 동일

※ 위 내용을 간단히 요약하려고 합니다. 빈 칸에 알맞은 말을 넣어 보세요.

건강한 삶을 위해서는 (   ), 건강한 식습관, 그리고 (   )이/가 중요합니다. 매일 (   )분 정도의 운동을 하고, 과일, 채소, (   )이/가 풍부한 음식을 규칙적으로 섭취하며, (   )을/를 취하면 몸과 마음의 건강을 지킬 수 있습니다.

(5) 그림이나 표로 정리하기

- 대조, 비교, 혹은 시간적 흐름에 따라서 쓰여진 글을 도식화하여 정리하는 활동으로 글을 구조적으로 이해하고 분석하는 능력을 길러준다. 장기 기억의 효과도 가질 수 있다.

예시

※ 아래 내용을 요약해서 표로 정리해 보세요.

한국 음식은 국물이 많기 때문에 숟가락과 젓가락을 사용하고 밥을 먹을 때도 그릇을 상 위에 놓고 숟가락으로 먹습니다. 일본 사람들은 밥을 젓가락으로 먹기 때문에 밥그릇을 들고 먹어야 합니다. 중국에는 튀긴 음식과 볶은 음식이 많아서 기름이 많고 뜨겁기 때문에 중국 젓가락은 한국 젓가락보다 더 깁니다.

국가	식사 문화	이유
한국	㉠	국물이 많다
일본	㉡	㉢
중국	젓가락이 길다	㉣

(6) 개인적인 경험 말하기
- 내용 이해에서 더 나아가 자신의 경험을 끌어내어 이야기하도록 하는 활동으로 읽은 글을 자신에게 적용해 보도록 한다.

예시 ※ 읽기 본문은 위 예시(건강한 삶을 위한 습관)와 동일

- 여러분은 건강한 삶을 위해 어떤 습관을 갖고 있습니까?
- 건강한 삶을 위해 어떤 습관이 중요하다고 생각합니까?

(7) 토론하기
- 독자에 따라 다른 평가를 내리는 글에 대해서 찬반으로 나누어 토론을 해 볼 수 있다. 이는 읽은 내용에 대한 비판적인 시각을 키울 수 있는 활동이다.

(8) 같은 형식으로 글쓰기
- 특정 구조를 가진 글을 읽은 후 그 형식에 맞추어 글을 쓰게 한다. 글의 구조를 확실히 이해하게 도와 주는 활동이다.

(9) 역할극하기
- 소설이나 수필 등 등장인물이 있는 서사적인 글을 읽은 후 역할극을 함으로써 장기 기억을 돕고 수업의 역동성을 돕는다. 인물의 입장에서 말하고 행동함으로써 인물의 행동에 대한 의도나 동기를 이해하게 하는 활동이다.

내용 확인하기

1. 다음은 읽기 전략 중 어떤 전략에 해당됩니까?

   > 학습자가 자신의 이해 과정을 모니터링하고 조절하는 데 사용된다. 이는 자기 점검과 계획, 평가를 포함한다.

   ① 인지 전략　　② 메타 인지 전략　　③ 사회적/정서적 전략

2. 다음은 읽기 전 활동으로 적절하지 않은 것을 고르십시오.

   ① 제목이나 삽화로 유추하기　　② 어휘 가르치기
   ③ 배경지식 설명하기　　　　　④ 이어질 내용 유추하기

   정답
   1. ②
   2. ④

 더 생각해 보기

1. 읽기를 위한 효과적인 전략으로 어떤 것이 있을지 생각해 봅시다.
2. 관심 있는 주제에 대해 인터넷으로 검색한 후 그 자료를 초급 학습자의 수준에 맞게 고쳐 써 보면서 어떤 점이 힘든지 확인해 봅시다.

참고문헌

강현화 외(2021), 한국어이해교육론, 한국문화사.

국제한국어교육학회(2009), 한국어이해교육론, 형설출판사

문화체육관광부고시 제2020-54호(2020.11.27.), 한국어표준교육과정, 문화체육관광부 국립국어원.

Andrew D. Cohen(1990), Strategies in Learning and Using a Second Language, Longman육관광부 국립국어원.

11. 한국 문화 교육 방법

학습목표

1. 문화 교육의 원리를 설명할 수 있다.
2. 한국 문화의 교육 내용을 수준별로 나열할 수 있다.
3. 한국 문화의 교육 방법을 예를 들어 설명할 수 있다.

 생각해보기

1. 여러분은 한국 문화 중 어떤 것을 외국인들에게 소개하고 싶으신가요?
2. 문화를 효과적으로 가르칠 수 있는 방법으로 어떤 것이 있을까요?

11 한국 문화 교육 방법

1 문화 교육의 원리

- 언어는 문화의 산물이다. 언어를 제대로 이해하기 위해서는 문화에 대한 이해가 필요하다. 한국어와 함께 한국 문화를 가르치기 위해서는 문화가 무엇인지, 문화를 어떻게 바라보아야 할 것인지, 문화를 교육에 어떻게 적용할 것인지에 대해 생각해 보아야 한다.

1) 문화의 정의

- 문화에 대한 정의는 300여 가지 이상 존재하며 문화를 어떤 관점으로 바라보느냐에 따라 다양한 정의와 해석이 가능하다. 국립국어원 표준국어대사전에서는 '문화'를 다음과 같이 정의한다.

[문화] 자연 상태에서 벗어나 일정한 목적 또는 생활 이상을 실현하고자 사회 구성원에 의하여 습득, 공유, 전달되는 행동 양식이나

> 생활 양식의 과정 및 그 과정에서 이룩하여 낸 물질적·정신적 소득을 통틀어 이르는 말. 의식주를 비롯하여 언어, 풍습, 종교, 학문, 예술, 제도 따위를 모두 포함한다.

- 이 정의에는 '문화'라는 개념 안에 아래의 내용이 포함되어 있다.
  ① 산물(product)로서의 문화 : 인간에 의해 생산되고 채택되는 모든 인공적 산물로서 유형적, 무형적 산물을 포함하는 개념이다.
    예 유형적 산물: 도구, 의복, 서적, 건물 등
       무형적 산물: 언어, 예술, 제도, 교육, 경제, 정치, 종교 등
  ② 수행(performance)으로서의 문화 : 인간이 개인적, 혹은 집단 내에서 상호적으로 수행하는 활동과 상호 작용의 전체를 말한다.
    예 언어, 생활 양식, 관습, 전통 등
  ③ 관점(viewpoint)으로서의 문화 : 문화를 실행하는 개인과 공동체의 지침으로서 문화 산물의 기저에 내포되어 있는 시각이나 태도를 말한다.
    예 가치, 사상, 신념 등
- 문화의 개념은 무지개, 양파, 안경 등 다양한 시각적 개념으로 구현되는데, 교육적 관점에서 문화의 상징으로 활용되는 가장 대표적인 모형은 '문화 빙산'이다.
- Moran(2001)에서는 문화 현상을 특정 사회 환경 개인과 공동체의 상호 작용을 통해 행해지고(수행) 생성되는(산물) 것으로 이해한다. 그 근간이 되는 것은 이 사회에서 개인과 공동체가 가지고 있는 가치, 태도, 신념 즉 관점인데 그 중 일부는 드러나기도 하지만 대부분은 실체가 명확히 드러나지 않는다. 그럼에도 불구하고 문화적 수행과 산물, 그리고 개인과 공동체는 문화 관점을 구체화하며, 문화 관점은 실행과 산물, 개인과 공동체에 의해 구체화된다.

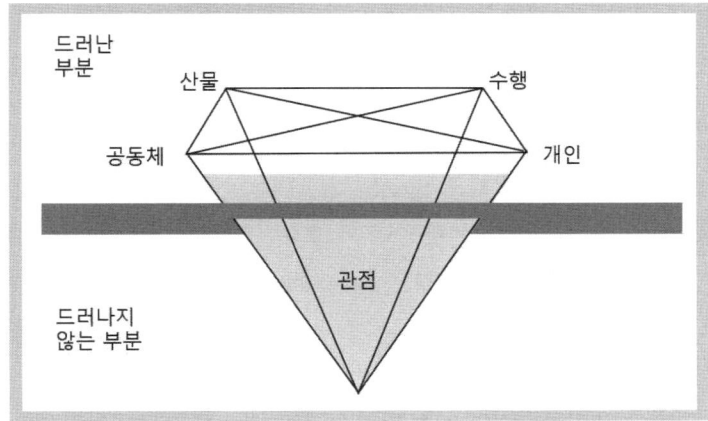

문화 빙산 모델[17]

- 이런 점을 생각할 때 산물과 수행으로서의 문화뿐만 아니라 관점으로서의 문화 또한 한국어 학습자들에게 가르쳐야 한다.

2) 문화에 대한 관점

- 문화에 대한 관점은 한 사회의 가치관이나 개인의 생각에 따라 다양하게 나타난다.

① 자문화중심주의(ethnocentrism)
  - 자국의 문화를 고유하고 본질적인 것으로 상정하고 다른 나라의 문화에 비해 월등하다고 생각하는 태도이다.
  - 자국의 문화를 지나치게 강조하고 타국의 문화를 무시하여, 자국의 문화를 타국에 강요하는 문화제국주의로 변질될 가능성이 높다.
    예) 독일의 유대인 학살, 일제 시대 창씨 개명, 식민지에 대한 지배국의 문화 강조 등

② 문화상대주의(cultural relativism)
  - 문화 간의 우월이나 절대적인 진리는 없다고 보고 문화의 상대성을

---

17) Moran(2001), 22쪽 참조.

인정하여 각 문화가 나름대로 의의와 구조적 체계가 있다고 생각
　　 한다. 또한 각 문화 간의 상호 존중을 원칙으로 한다.
  - 문화의 상호 존중은 긍정적인 측면이 있으나 인권의 탄압, 여성
    착취 등 인류 보편적인 문제나 문화 갈등 상황에서 중재할 수 있는
    논리를 만들지 못한다.
    예) 이집트에서 명예를 잃은 가족을 살인하는 관습이나 힌두교에서 남편이
        죽으면 부인도 따라 죽는 풍습 등을 인정할 것이냐 하는 문제 발생

③ 다문화주의(multiculturalism)
  - 다민족, 다인종 국가의 논리로서 한 국가 내에서 살아가는 다양한
    민족과 인종이 공생할 수 있는 방안을 모색하는 방안이다.
  - 문화의 다양성을 강조하다 보면 공통의 문화를 인정하지 않게 되어
    문화적 갈등을 해결하기 어려울 수도 있다. 또한 개인의 정체성보
    다는 집단의 정체성을 강조하여 특정 집단은 동일한 문화권으로
    범주화된다. 따라서 개인이 가지고 있는 다양한 문화가 무시되는
    경향이 있다.
    예) 미국, 캐나다 등 다문화 국가의 소수 인종 우대 정책

④ 상호문화주의(inter-culturism)
  - 문화의 다양성과 상호 존중을 인정하며 소통을 통한 문화 간의
    상호 변화를 중요시한다.
  - 개인의 정체성을 집단의 정체성과 동일시하지 않으며 '문화적 차
    이'를 객관적으로 주어지는 것이 아니라 두 실체 간의 역동적인
    관계로 이해한다. 국적이나 민족은 한 사람의 정체성을 형성하는
    일부분일 뿐이라고 간주한다.
  - 다문화주의에서 소수자나 이민자 그룹이 주류 사회에 적응할 수
    있도록 교육하는 것을 주요 목적으로 삼고 있다면, 상호문화주의
    에서는 이주민을 맞이하는 다수 그룹 역시 이주민 혹은 소수민족

의 문화를 역으로 배워야 한다는 점을 강조하며 '쌍방향'의 소통과 변화를 강조한다.
- 타문화를 존중하면서도 문화적 갈등을 해결하고 합의에 이르는 길을 모색할 수 있게 한다.
  예 유럽 연합의 다문화 정책

3) 상호문화주의적 관점에서의 문화 교육의 원리

① 언어 교육과 문화 교육은 함께 이루어져야 한다. 문화는 언어 이해의 원천이며, 언어는 문화 이해의 수단과 도구이기 때문이다.
② 언어와 문화는 소통의 자원이다. 언어와 문화는 갈등의 요인이자 갈등을 해결하는 수단이 되며 개인은 문화를 갱신하고 변용하는 문화의 주체임을 인식시켜야 한다.
③ 문화의 차이와 공통점을 모두 활용한다. 문화적 차이와 문화적 유사성에 대한 이해를 바탕으로 문화의 변용과 교류 가능성을 찾아낸다.
④ 문화의 지식과 능력, 태도를 교류한다. 문화에 대한 지식 교육만을 목표로 하지 말고 학습자의 문화도 수용함으로써 문화적 갈등과 사회적 갈등을 소통을 통해 해결하려는 태도를 기르는 것이 필요하다.

2 한국 문화 교육의 목표와 내용

1) 한국 문화 교육의 목표

- 국제통용한국어표준교육과정(김중섭 외, 2017:200)에서는 한국 문화 교육의 목표를 아래와 같이 말하고 있다.
  ① 한국의 일상생활 문화를 이해할 수 있다.
  ② 한국인의 생활방식을 이해할 수 있다.
  ③ 한국인의 가치관과 사고방식을 이해할 수 있다.

④ 한국의 근·현대문화와 전통문화를 이해하고 즐길 수 있다.
⑤ 한국의 정치, 경제, 사회, 문화 전반에 관한 제도를 이해할 수 있다.
⑥ 한국과 자국의 문화를 비교하여 문화의 다양성과 특수성을 이해할 수 있다.
⑦ 한국문화에 대한 자신의 태도나 견해를 가질 수 있다.
⑧ 한국문화와 관련된 일반적인 인식들에 대해 평가할 수 있다.

- 이는 한국의 문화에 대한 이해에만 그치는 것이 아니라 문화를 즐기고 수행할 수 있으며, 문화와 관련된 태도나 견해를 갖고서 평가하는 단계까지 나아가야 함을 시사하고 있다.

2) 한국 문화 교육의 내용

(1) 문화 교육의 내용 분류

- 한국 문화 교육에서는 한국 문화에 대한 지식적 이해가 우선되어야 하며, 다양한 한국 문화를 실행하는 연습과 문화에 대한 관점을 바탕으로 한 문화 간 비교도 다루어야 한다.

문화 지식, 문화 실행, 문화 관점의 특징

분류	특징
문화 지식	• 한국 문화에 대해 선언적 지식을 교수·학습 내용으로 삼음. • 주로 한국어 교사가 주도하는 교실 수업을 통해 전달됨. • 교재의 문화란, 읽기 및, 듣기 텍스트에 교육 내용으로 포함됨.
문화 실행	• 한국 문화에 대해 절차적 지식의 실행을 교수학습 내용으로 삼음. • 한국어 교사나 문화 전문가(강사)가 주도하는 교실 밖 수업을 통해 전달됨. • 체험, 행사, 견학 등의 내용으로 포함됨.
문화 관점	• 한국 문화와 자국, 세계 문화를 상호문화적 관점에서 교수·학습함. • 주로 한국어 교사가 주도하는 교실 수업을 통해 전달됨. • 문화 비교에 대한 말하기나, 쓰기 등과 같은 기능 수업의 내용으로 포함됨.

(2) 문화 교육의 세부 내용[18]

① 일상 생활

분류	문화 지식	문화 실행	문화 관점
의생활	-한국의 전통, 의상 -상황에 따라 달라지는 옷차림 (집, 직장, 경조사, 여가 등)	-한국의 전통 의상 입어보기	-각 나라의 전통 의상에 대한 비교·이해 -각 나라의 상황에 따른 옷차림에 대한 비교·이해
식생활	-한국의 전통 음식(김치, 장, 떡, 전통 음료 등)의 종류 -한국인들이 주식과 식습관 (밥, 반찬, 찌개류, 국류 등) -특별한 날(생일, 시험, 결혼 등)에 먹는 음식 -한국의 계절 음식(삼계탕, 냉면, 팥죽 등) -한국의 상차림(음식의 위치, 식기의 종류와 용도 등) -한국의 식생활 예절(식사 예절, 음주 예절)	-한국의 음식 먹어보기 -간단한 한국 음식 만들어 보기 -한국의 식생활 예절에 따라 식사해 보기	-각 나라의 전통 음식에 대한 비교·이해 -각 나라의 주식과 식습관에 대한 비교·이해 -각 나라에서 특별한 날에 먹는 음식에 대한 비교·이해 -각 나라의 계절 음식에 대한 비교·이해 -각 나라의 상차림에 대한 비교·이해 -각 나라의 식생활 예절에 대한 비교·이해
주생활	-한국의 주거 형태(한옥, 주택, 아파트, 원룸 등) -한국의 집 계약 방법과 형태(전·월세, 매매, 보증금, 중개료 등) -한국인의 주거 생활 양식(좌식, 온돌 등)	-한국의 온돌 문화 경험해 보기 -한국의 전통적인 주거 양식 경험해 보기	-각 나라의 주거 형태에 대한 비교·이해 -각 나라의 집 계약 방법과 형태에 대한 비교·이해 -각 나라의 주거 생활양식에 대한 비교·이해
여가생활	-한국인의 대표적인 여가 활동 (운동 경기 관람, 영화, 등산 등) -친목 모임과 동호회(조기 축구, 등산 모임, 인터넷 동호회 등) -한국의 'OO방' 문화(노래방, PC방, 찜질방, DVD방, 멀티방 등) -한국인의 대표적인 계절 여가 활동 (벚꽃 놀이, 단풍놀이 등)	-한국인의 대표적인 여가 활동 경험 해 보기 -친목 모임과 동호회 활동 경험해 보기 -한국의 'OO방' 문화경험해 보기 -한국인의 대표적인 계절 여가 활동 경험해 보기	-각 나라의 여가 활동에 대한 비교·이해 -각 나라의 계절 여가 활동에 대한 비교·이해
경제생활	-쇼핑 장소(재래시장, 대형 마트,	-쇼핑 장소와	-각 나라의 전통시장에 대한

---

[18] 김중섭 외(2017), 201~210쪽 참조.

	백화점, 홈쇼핑, 인터넷 쇼핑 등)와 방법(흥정과 덤, 결제 방법 등) -한국의 유명한 전통 시장(남대문시장, 가락시장, 자갈치 시장 등) -한국인의 재테크 방법	방법 해 보기 -한국의 유명한 전통 시장 방문해 보기	비교·이해 -각 나라의 재테크 방법에 대한 비교·이해
공공생활	-한국의 공공기관의 종류(은행, 우체국, 주민센터 등)와 이용 방법 -외국인을 위한 공공기관(출입국관리사무소, 대사관 등) 이용 방법		
언어생활	-한국인이 인사하는 방법 -대상과 상황에 따라 달라지는 인사 방법 -한국의 흔한 성씨, 이름과 별명 -한국의 친족 호칭 -한국의 사회적 호칭(OO 씨, 선후배 호칭, 친족 호칭의 확대 사용 등) -한국의 신조어, 유행어, 통신 언어 -한국에서 자주 쓰이는 관용·비유 표현 -한국인의 몸짓 언어 -대상과 상황에 따라 달라지는 언어 사용(존대말/반말) -한국인의 언어 습관(빈말 표현, 돌려 말하기 등)		-각 나라의 인사 방법에 대한 비교·이해 -각 나라의 흔한 이름과 별명에 대한 비교·이해 -각 나라의 친족 호칭에 대한 비교·이해 -각 나라의 사회적 호칭에 대한 비교·이해 -각 나라의 신조어와 유행어에 대한 비교·이해 -각 나라의 특징적인 관용·비유 표현에 대한 비교·이해 -각 나라의 몸짓 언어에 대한 비교·이해 -각 나라의 언어의 높임법에 대한 비교·이해
가정생활	-한국의 가족 형태(대가족, 핵가족, 한부모가정, 조손 가정, 일인 가구, 딩크족 등) -한국의 가족 행사(백일, 돌, 환갑, 칠순 등) -가정 방문 예절(집들이 선물 등)		-각 나라의 가족 형태에 대한 비교·이해 -각 나라의 가족 행사에 대한 비교·이해 -각 나라의 가정 방문 예절에 대한 비교·이해
학교생활	-한국의 대학 문화(대학 축제, 동아리, 소개팅, 아르바이트, 취업 준비 등)		-각 나라의 대학 문화에 대한 비교·이해
직장생활	-한국의 직장 내의 조직과 예절(직책, 상사와 부하직원 관계 등) -한국의 직장 문화(회식, 체육대회, 워크숍, 야근 등)		-각 나라의 직장 문화에 대한 비교·이해

② 가치관

분류	문화 지식	문화 관점
사고방식	-한국인의 특징적인 사고방식(빨리빨리, 유교 사상, 체면 중시, 가족주의, 외모지상주의, 가부장주의 등)	-각 나라의 특징적인 사고방식에 대한 상호문화적 인식 형성
정서	-한국을 대표하는 정서(정(情), 한(恨), 신명)	
종교	-한국의 주요 종교(기독교, 천주교, 불교 등) -한국의 민간 신앙(미신과 금기행동, 사주, 굿, 풍수지리 등)	-각 나라의 주요 종교에 대한 상호문화적 인식 형성 -각 나라의 민간 신앙에 대한 상호문화적 인식 형성
가치관의 변화	-한국 사회의 고정관념과 시대에 따른 변화 (세대별 가치관, 성역할, 직업관 등)	-각 나라의 고정관념과 그 변화에 대한 상호문화적 인식 형성

③ 역사

분류	문화 지식	문화 관점
시대	-한국의 전근대사(고조선~조선) -한국의 근현대사(조선 후기, 대한제국, 일제 강점기, 광복, 대한민국 정부 수립, 분단과 전쟁, 민주화 운동 등)	
인물	-한국의 역사적 인물(위인, 화폐 속 인물 등) -한국의 유명 인물(스포츠 스타, 한류 연예인, 정치인, 예술가 등)	-각 나라의 역사적 인물에 대한 상호문화적 인식 형성 -각 나라의 유명 인물에 대한 상호문화적 인식 형성
역사적 사건	-한국의 주요 역사적 사건(임진왜란, 을사조약, 독립, 한국전쟁, 유신헌법, 군사정권, 학생운동, IMF, 촛불시위 등) -국경일의 유래(삼일절, 광복절, 제헌절, 개천절, 한글날)	-한국과 각 나라의 유사한 역사적 사건에 대한 상호문화적 인식 형성 -각 나라의 국경일의 유래에 대한 상호문화적 인식 형성

④ 풍습

분류	문화 지식	문화 실행	문화 관점
명절과 절기	-설과 추석의 풍습과 음식 -주요 명절 및 절기(단오, 대보름, 삼복, 동지 등)의 풍습과 음식 -시대에 따른 명절 풍속의 변화	-설과 추석의 풍습과 음식 체험해 보기 -주요 명절 및 절기의 풍습과	-각 나라의 명절에 대한 비교·이해 -각 나라의 명절 풍속 변화에 대한 비교·이해

		음식 체험해 보기	
관혼상제	-성년의 날(성인식) -한국의 연애 문화(미팅, 소개팅, 맞선, 중매, 결혼정보회사 등) -한국의 결혼 문화(결혼적령기, 상견례, 결혼 준비, 결혼식, 축의금 등) -한국의 장례 방법과 절차(장례식, 문상, 부의금 등) -제사 지내는 방법과 제사상		-각 나라의 기념일에 대한 비교·이해 -각 나라의 연애 문화에 대한 비교·이해 -각 나라의 결혼 문화에 대한 비교·이해 -각 나라의 장례 문화에 대한 비교·이해 -각 나라의 제사 풍속에 대한 비교·이해

⑤ 정치

분류	문화 지식	문화 관점
정치 제도	-한국의 국가 체제(대통령제, 정부, 지방자치단체 등) -한국의 정부 조직(대통령, 총리, 장관, 국회의원 등) -한국의 선거 제도(대선, 총선, 주요 정당, 공천 등)	-각 나라의 국가 체제에 대한 비교·이해 -각 나라의 정부 조직에 대한 비교·이해 -각 나라의 선거 제도에 대한 비교·이해
남북 관계	-한국의 분단 상황과 대북 정책 -남북 교류(정상회담, 이산가족 상봉, 금강산 관광, 개성공단 등) -한국 군대와 징병제	-세계의 대북 정책에 대한 비교·이해 -각 나라의 군대와 병역 의무에 대한 비교·이해
국제 관계	-한국과 주변국의 관계(우호적/적대적 관계와 인접국 간의 쟁점 등)	-각 나라의 국제 관계와 쟁점에 대한 비교·이해
정치 문제	-한국의 정치 문제(비리, 부패, 지역주의, 정치 참여 등)	-각 나라의 정치 문제에 대한 비교·이해

⑥ 경제

분류	문화 지식	문화 관점
경제 제도	-한국의 화폐의 종류(동전, 지폐, 수표) -한국의 세금 제도(세금의 종류, 현금영수증, 소득공제, 연말정산 등)	
경제 정책	-한국의 경제성장과 경제 정책(고용정책, 물가 안정, 자유무역협정(FTA) 등)	-각 나라의 경제 정책에 대한 비교·이해

| 경제 문제 | -한국의 경제 문제(가계 부채, 저성장, 경제 위기, 재벌 등) | -세계와 각 나라의 경제 문제에 대한 비교·이해 |

⑦ 교육

분류	문화 지식	문화 관점
교육 제도	-한국의 학제(각급 학교, 학기제, 학령, 의무교육 제도 등) -한국의 입시 제도(수능시험, 중·고등학교 입학 시험, 대학 입학 전형 등)	-각 나라의 학제에 대한 비교·이해 -각 나라의 입시 제도에 대한 비교·이해
교육 문제	-교육의 제도적 문제(잦은 입시 제도 변동, 교권 추락, 학교 폭력, 체벌 등) -입시 위주의 교육(조기교육, 사교육, 주입식 교육 등)	-각 나라의 교육 문제에 대한 비교·이해

⑧ 사회

분류	문화 지식	문화 관점
사회 정책	-한국의 사회보장제도(의료보험, 고용보험, 국민 연금, 산재보험) -한국의 복지 정책(아동, 청소년, 장애인, 노인, 여성, 빈곤계층 등) -한국의 환경 정책(쓰레기 종량제, 자동차 요일제, 분리수거, 대기오염 관련 정책 등) -다문화사회 진입과 관련 정책	-각 나라의 사회보장제도에 대한 비교·이해 -각 나라의 복지 정책에 대한 비교·이해 -각 나라의 환경 정책에 대한 비교·이해 -각 나라의 다문화 정책에 대한 비교·이해
사회 문제	-한국의 사회문제(빈부격차, 환경 문제, 높은 자살률, 청년 실업 등)	-각 나라의 사회 문제에 대한 비교·이해

⑨ 지리

분류	문화 지식	문화 실행	문화 관점
기후	-한국의 계절과 날씨		-각 나라의 계절과 날씨에 대한 비교·이해
지형	-한국의 위치 및 지리적 특성		
지역	-한국의 행정 구역과 주요 도시 -한국의 주요 관광지와 지역 축제(강릉 단오제, 경주 신라문화제, 보령 머드축제 등)	-한국의 주요 관광지와 지역 축제 체험해 보기	-각 나라의 주요 도시에 대한 비교·이해 -각 나라의 주요 축제에 대한 비교·이해
교통	-한국의 주요 교통수단(버스, 지하철, 택시, 기차 등)	-한국의 주요 교통수단 이용해	-각 나라의 교통수단에 대한 비교·이해

분류	문화 지식	문화 실행	문화 관점
	-교통수단의 이용 방법(교통카드, 환승, 예매, 노선 등) -교통 질서와 예절(노약자석, 임산부 배려석, 버스 전용 차선 등)	보기 -교통수단의 이용 방법 체험해 보기 -교통 질서와 예절 체험해 보기	

⑩ 과학·기술

분류	문화 지식	문화 실행	문화 관점
산업	-한국의 주요 산업(자동차, 반도체, 스마트폰, 디스플레이, 조선, 석유화학 등)	-한국의 주요 산업에 대해 경험해 보기	-각 나라의 주요 산업에 대한 비교·이해
정보통신	-한국의 통신 기술의 발달(인터넷 보급률, 스마트폰 보급률, 통신 속도 등) -디지털 시대의 문제(인터넷 중독, 사생활 침해, 인터넷 윤리, 인터넷 실명제 등)	-한국의 통신 기술의 발달 경험해 보기	-각 나라의 인터넷·통신 관련 문제에 대한 비교·이해

⑪ 예술

분류	문화 지식	문화 실행	문화 관점
음악	-한국의 전통 음악(국악, 판소리, 민요, 전래동요 등) -한국의 대중 음악(K-POP)	-한국의 전통 음악 감상해 보기 -한국의 대중 음악 감상해 보기	-각 나라의 전통·현대 음악에 대한 비교·이해
미술	-한국의 전통 미술(동양화, 서예, 도자기, 공예품 등) -한국의 현대 미술(비디오 아트, 애니메이션, 웹툰 등)	-한국의 전통 미술 감상해 보기 -한국의 현대 미술 감상해 보기	-각 나라의 전통·현대 미술에 대한 비교·이해
공연	-한국의 전통 공연(탈춤, 부채춤, 판소리, 사물놀이 등) -한국의 현대 공연(난타, 뮤지컬, 비보이, 연극 등)	-한국의 전통 공연 감상해 보기 -한국의 현대 공연 감상해 보기	-각 나라의 유명 공연에 대한 비교·이해
문학	-한국의 주요 문학 작품(시, 소설 등)과 작가 -한국의 전래동화와 설화(신화, 전설, 민담)	-한국의 주요 문학 작품 감상해 보기 -한국의 전래동화와 설화 감상해 보기	-각 나라의 주요 문학 작품 및 작가에 대한 비교·이해 -각 나라의 전래동화와 설화에 대한 비교·이해

분류	문화 지식	문화 실행	문화 관점
영화·드라마	-한국 영화(국제 영화제 수상작, 부산 국제 영화제, 영화 산업 등) -한국 드라마(시대별 인기 드라마, 해외 방영 드라마 등)	-한국 영화 감상하고 체험해 보기 -한국 드라마 감상해 보기	-각 나라의 인기 영화에 대한 비교·이해 -각 나라의 인기 드라마에 대한 비교·이해 -세계 각국의 한류(K-POP, K-DRAMA)에 대한 비교·이해

⑫ 문화 유산

분류	문화 지식	문화 실행	문화 관점
문화재	-한국의 주요 유형 문화재(유적지, 예술품 등) -한국의 주요 무형 문화재(전통 놀이, 공예, 음악, 무용, 인간문화재 등) -한국의 세계문화유산(석굴암, 불국사, 종묘 등)	-한국의 주요 유형 문화재 감상해 보기 -한국의 주요 무형 문화재 감상해 보기 -한국의 세계문화유산(석굴암, 불국사, 종묘 등) 방문하기	-각 나라의 주요 문화재에 대한 비교·이해 -각 나라의 세계문화유산에 대한 비교·이해
국가 상징물	-한국의 국가 상징물(애국가, 태극기, 무궁화, 한글 등)	-애국가 들어 보기, 태극기 그려 보기	-각 나라의 국가 상징물에 대한 비교·이해

3 한국 문화 교육의 방법

1) 한국 문화 교육의 방법

- 한국 문화 교육은 말하기, 듣기, 읽기, 쓰기 등의 언어 교육 활동과 연계하여 진행되는 경우가 많다. 예를 들면 듣기나 읽기 자료 텍스트에 문화적인 내용이 포함되거나, 한국의 문화와 관련된 주제로 말하고 쓰는 활동을 하는 방식으로 수업을 진행하는 경우이다. 이때는 문화 지식과 문화 관점에 초점을 둔 수업이 주를 이룬다.
- 문화 교육 자체를 목표로 하는 수업도 있다. 이럴 경우에는 지식 전달보다는 실행과 활동 위주의 문화 교육을 실시할 수 있다.

(1) 비교법

- 문화 간에 존재하는 차이점을 비교해 볼 수 있도록 유도하는 기술이다.

- 학습자의 문화와 다른 목표 문화를 제시하고 토론, 발표 등을 통해서 차이를 인식하게 한다.

(2) 문화 섬(culture island)
- 교실 주변을 포스터, 그림, 게시물 등을 사용하여 목표 문화의 전형적인 측면을 보여 줄 수 있는 공간으로 만들어 유지하는 방법이다.

(3) 관찰 혹은 참여 관찰
- 한국인의 결혼식에 참석하거나 명절에 한국인 가정을 방문하여 한국의 풍습과 일상 생활을 관찰한다.

(4) 영상물의 활용
- 드라마, 영화, 다큐멘터리 등을 활용하여 한국 문화를 간접적으로 경험하게 한다.

(5) 출판물의 활용
- 신문, 잡지 등을 활용하여 문화적 특성을 발견하게 하거나 자신의 나라 신문이나 잡지와 비교하는 활동을 진행할 수 있다.

(6) 문화 체험하기
- 한국 음식 만들기, 한복 입기 체험, 전통 놀이 체험, 박물관 또는 유적지 견학, 한국 음악이나 미술 또는 스포츠 등을 직접 체험해 보는 활동을 진행한다.

(7) 한국인과의 접촉
- 한국인을 초대하여 질문하고 대답하는 시간을 갖거나 한국인과 편지, 메일 또는 문자를 교환하기, 또는 언어 교환을 통해 한국인과 접촉하는 기회를 부여한다.

(8) 여행하기
- 한국의 지역을 여행하면서 한국의 교통 수단, 음식, 집, 환경,

생활 방식 등을 전반적으로 경험해 볼 수 있는 기회를 제공한다.

2) 문화 교육의 효과

(1) 문화에 대한 고정관념 탈피
- 한 문화에 대해서 가지고 있는 과장되거나 단순화된 인식에서 벗어나 목표어와 목표 문화에 대해 다양한 차원에서 이해하게 된다.

(2) 문화 충격의 극복
- 목표 문화에 대한 불안과 거부감은 언어 학습에도 영향을 끼칠 수 있으므로 문화 학습을 통해서 이러한 거부감에서 벗어나게 한다.

(3) 언어와 문화의 통합적 습득
- 목표어에 대한 사회문화적인 지식을 습득함으로써 의사소통 능력을 키울 수 있게 한다.

4 한국 문화 교육의 실례

1) 한국 문화 지식 수업 예시

[수업 주제]
-한국의 전통 장(된장, 고추장, 간장)과 그 특징 이해하기

[학습 목표]
1. 한국 전통 장의 재료와 만드는 방법을 설명할 수 있다.
2. 전통 장의 활용 방법을 말할 수 있다.
3. 한국의 전통 장과 관련된 어휘의 뜻을 말할 수 있다.

[수업 절차]
1. 한국 문화를 소개하는 글을 읽고 이해하기

한국의 전통 장

한국에는 세 가지 전통 장이 있습니다. 된장, 고추장, 그리고 간장이 있습니다. 이 장들은 한국 요리에 아주 중요한 재료입니다.

첫 번째로 된장을 소개하겠습니다. 된장은 메주콩으로 만듭니다. 메주콩을 삶아서 으깨고, 모양을 만들어서 발효시킵니다. 그 후, 소금물에 넣어서 더 발효시킵니다. 된장은 찌개나 국에 많이 사용합니다.

두 번째로 고추장이 있습니다. 고추장은 고춧가루, 찹쌀가루, 메주가루, 소금, 그리고 물엿으로 만듭니다. 이 재료들을 섞어서 항아리에 넣고 발효시킵니다. 고추장은 비빔밥이나 떡볶이에 많이 사용합니다.

마지막으로 간장을 소개하겠습니다. 간장은 메주와 소금물을 사용합니다. 메주를 소금물에 넣고 오랜 시간 동안 발효시킵니다. 이렇게 만든 간장은 요리의 간을 맞출 때 많이 사용합니다.

이렇게 된장, 고추장, 그리고 간장은 각각의 독특한 맛과 향을 가지고 있습니다. 한국 요리에 없어서는 안 될 중요한 재료들입니다. 이 세 가지 장을 잘 활용하면 다양한 한국 음식을 맛있게 만들 수 있습니다.

2. 내용 확인 질문에 답하기

1) 된장은 어떤 재료로 만들어요?
2) 고추장은 주로 어떤 음식에 사용해요?
3) 간장은 어떻게 만들어요?
4) 세 가지 장 중에 찌개에 많이 사용되는 장은 무엇인가요?

2) 문화 비교 수업 예시

[수업 주제]
- 각국의 명절 풍습 비교

[학습 목표]
1. 학생들이 자신의 나라 명절을 조사하고 발표할 수 있다.
2. 학생들이 다른 나라의 명절과 문화를 비교하고 이해할 수 있다.
3. 명절의 음식, 놀이, 의미를 통해 각 나라의 문화적 차이와 공통점을 파악하고 존중하는 태도를 기를 수 있다.

[수업 절차]
1. 도입 (10분)
 1) 인사 및 출석 확인 (5분)

- 학생들과 인사를 나누고 출석을 확인한다.

2) 주제 소개 및 수업 목표 설명 (5분)
- 오늘의 수업 주제인 '각국의 명절 풍습 비교'를 소개하고, 학습 목표를 설명한다.
- 학생들에게 자신이 속한 나라의 명절을 소개하고 다른 나라와 비교할 것을 안내한다.

2. 전개 (50분)

1) 명절 조사 및 준비 (20분)
- 학생들이 자신의 나라의 명절에 대해 조사할 시간을 준다.
  (조사 내용: 명절 이름, 날짜, 먹는 음식, 즐기는 놀이, 명절의 의미)
- 각자 조사한 내용을 간단히 정리하게 한다.

2) 발표 준비 (10분)
- 학생들이 조사한 내용을 바탕으로 발표 자료를 준비하게 한다.
- 발표 자료는 간단한 포스터나 슬라이드 형태로 준비하도록 한다.

3) 발표 (20분)
- 학생들이 준비한 발표 자료를 가지고 발표를 진행한다.
- 각 학생에게 5분씩 시간을 주어 명절에 대해 발표하고, 다른 나라와 비교하게 한다.
- 발표 후, 다른 학생들이 질문을 할 수 있도록 시간을 마련한다.

3. 정리 및 마무리 (10분)

1) 발표 내용 정리 및 피드백 (5분)
- 각 학생의 발표 내용을 정리하며 중요한 점을 다시 한 번 강조한다.
- 발표 내용에 대한 간단한 피드백을 제공한다.
- 비교를 통해 발견한 문화적 차이와 공통점을 토론한다.

2) 수업 내용 요약 및 다음 과제 안내 (5분)
- 오늘 배운 내용을 요약하고, 각국의 명절 풍습에 대한 이해를 강조한다.
- 다음 수업에서 다룰 내용을 간단히 안내하고, 예습할 자료가 있으면 소개한다.

3) 영화를 활용한 문화 수업 예시

[수업 주제]
- 영화 "집으로"를 통해 본 한국 문화

[학습 목표]
1. 영화 "집으로"를 통해 한국의 전통 생활 방식과 가족 문화를 말할 수 있다.
2. 영화 속 한국어 표현을 학습하고 활용할 수 있다.
3. 한국인의 정서와 가치관을 느끼고 자기 나라의 정서와 비교해서 말할 수 있다.

[수업 절차]
1. 도입 (10분)
 1) 인사 및 출석 확인 (5분)
  - 학생들과 인사를 나누고 출석을 확인한다.

 2) 영화 소개 및 수업 목표 설명 (5분)
  - 오늘의 수업에서 다룰 영화 "집으로"에 대해 간단히 소개한다.
  - 영화의 주요 줄거리와 배경, 주요 등장인물에 대해 설명한다.
  - 수업 목표와 진행 방식을 설명한다.

2. 전개 (30분)
 1) 영화 감상 (20분)
  - 영화의 주요 장면을 발췌하여 함께 감상한다. (예: 도시에 살던 상우가 할머니와 함께 지내며 겪는 장면들)
  - 자막을 통해 학생들이 내용을 쉽게 이해할 수 있도록 돕는다.

 2) 한국어 표현 학습 (10분)
  - 영화 속에서 사용된 주요 한국어 표현을 학습한다.(예: 할머니가 사용하는 전통적인 인사말, 가족 간의 대화 표현 등)
  - 학생들이 각 표현을 따라 말하고, 문장으로 만들어보는 시간을 갖는다.

3. 활동 (30분)
 1) 영화 내용 이해 활동 (15분)

- 영화의 주요 장면과 관련된 질문에 대해 토론한다.
    ① 상우가 할머니와 함께 생활하면서 느낀 점은 무엇인가요?
    ② 할머니가 상우에게 보여준 사랑의 방식은 어땠나요?
    ③ 영화에서 가장 인상 깊었던 장면은 무엇인가요?
- 학생들이 각자 자신의 생각을 이야기하고, 서로의 의견을 나눈다.

2) 문화 비교 활동 (15분)
- 학생들이 자신의 나라와 한국의 가족 문화를 비교해보는 시간을 갖는다.
    ① 자신의 나라에서는 조부모와의 관계가 어떻게 이루어지나요?
    ② 한국과 자신의 나라에서의 시골 생활은 어떻게 다른가요?
- 그룹 활동을 통해 학생들이 서로의 문화를 이해하고 비교하는 시간을 갖는다.

4. 정리 및 마무리 (10분)
1) 수업 내용 요약 및 정리 (5분)
- 오늘 배운 내용을 간단히 요약하고 정리한다.
- 영화 "집으로"를 통해 느낀 한국의 가족 문화와 정서를 다시 한 번 강조한다.

2) 다음 수업 안내 및 과제 (5분)
- 다음 수업에서 다룰 내용을 간단히 소개한다.
- 학생들에게 과제를 안내한다. (예: 자신의 가족 문화를 소개하는 글 작성하기)

5 한국 문화 교육 자료

- 한국 문화 교육에 필요한 자료를 제공하는 사이트를 소개하고자 한다. 세종학당 재단에서 운영하는 누리-세종학당 홈페이지와 유튜브 채널에 한국 문화 교육 관련 자료가 다양하게 제공되고 있다. 또한 한국의 주요 박물관들은 메타버스 플랫폼을 통해 한국의 유물과 유적을 체험할 수 있는 기회를 제공하고 있어, 직접 현장에 가지 않고도 가상의 공간에서 한국 문화를 경험할 수 있다.

1) 누리-세종학당 홈페이지

- 누리 세종학당 홈페이지[19]의 '한국 문화' 코너에서는 한국 음악과 드라마, 한식과 한국 여행, 한국 생활과 전통 등 한국 문화를 한국어 학습자들에게 소개할 수 있는 다양한 콘텐츠를 제공하고 있다.

2) 세종학당재단 유튜브 채널

- 세종학당재단 유튜브 채널[20]에서는 드라마, 요리, 여행지 등을 통해 한국어를 쉽게 소개하는 영상 콘텐츠를 제공하고 있으므로 이런 자료를 활용하여 문화 수업을 다채롭게 진행할 수 있다.

---

19) https://nuri.iksi.or.kr/
20) https://www.youtube.com/@kingsejonginstitutefoundation

3) 메타버스 박물관

- 가상현실, 증강현실 기술의 발전으로 가상의 공간에서 특정 지역이나 역사적 사건을 경험하거나 문화재를 볼 수 있는 메타버스 박물관을 통해 손쉽게 한국의 역사와 문화를 체험할 수 있다.
- 국내에서 구축된 메타버스 박물관으로는 모바일에서 운영되는 제페토(ZEPETO)에 구축된 대한민국역사박물관의 '메타버스 월드'와 국립중앙박물관의 '힐링동산', 그리고 PC에서도 구동되는 젭(ZEP)에 구축된 '국립경주박물관'이 대표적인 예이다.[21]

| 대한민국 역사박물관 '메타버스 월드' | 국립중앙박물관 '힐링동산' |

https://zep.us/play/yBjOmz

메타버스 국립경주박물관

---

21) 제페토는 모바일에서만 이용이 가능하므로 스마트폰 스토어에서 어플을 다운받아 사용가능하며 젭은 PC에 접속해서 바로 활용 가능하다.

내용 확인하기

1. 다음은 문화에 대한 관점 중 무엇에 대한 설명인가요?

> 한 국가 내에서 살아가는 다양한 민족과 인종이 공생할 수 있는 방안을 모색하는 방안을 찾는 관점이다.

① 자문화중심주의 ② 문화상대주의
③ 다문화주의   ④ 상호문화주의

2. 다음 중 한국 문화의 교육 방법으로 적합한 것을 모두 고르십시오.
   ① 문화를 서로 비교한다.
   ② 한국 문화를 관찰한다.
   ③ 영상물을 이용한다.
   ④ 한국의 유적지를 여행한다.

정답

1. ③
2. ①, ②, ③, ④

 더 생각해 보기

1. 여러분이 외국인들에게 추천하고 싶은 한국의 영화나 드라마는 무엇인가요?
2. 상호문화적 관점에서 가르치면 좋을 주제는 어떤 것이 있을까요?

참고문헌

곽지영 외(2019), 한국어 교수법의 실제, 연세대학교 대학출판문화원.

김중섭 외(2017), 국제 통용 한국어 표준 교육과정 적용 연구(4단계), 국립국어원.

이성희(2019), 한국문화 어떻게 가르칠 것인가: 이론과 실제, 박이정.

이원희(2021), 학문목적 한국어 학습자의 상호문화 의사소통 능력과 상호문화 교육 연구, 연세대학교 박사학위논문.

서울대학교 한국어문학연구소 외(2014), 한국어 교육의 이론과 실제2, 아카넷.

Patrick R. Moran(2001), Teaching Culture: Perspectives in Practice Heinle & Heinle.

누리-세종학당 홈페이지 https://nuri.iksi.or.kr/

메타버스 국립경주박물관 홈페이지 https://zep.us/play/yBjOmz

세종학당재단 유튜브 채널 https://www.youtube.com/@kingsejonginstitutefoundation

12. 한국어 평가 방법

학습목표

1. 언어 평가의 기본 원리와 종류를 설명할 수 있다.
2. 한국어의 언어 기능별 평가 유형을 예를 들어 설명할 수 있다.
3. 한국어 능력 평가의 종류를 말할 수 있다.

 생각해보기

1. 한국어 능력을 평가할 때는 어떤 부분을 평가해야 할까요?
2. 한국어를 평가하는 시험에는 어떤 것들이 있을까요?

12 한국어 평가 방법

1 언어 평가의 기본 원리

1) 언어 평가의 목적

(1) 언어 능력 및 적성의 진단 및 피드백
- 학습자 개인 또는 학습자 집단의 강점과 약점을 정밀하게 진단하여 부족한 부분을 알려 준다.
- 효과적인 학습 과정이 되도록 교사와 학생, 관리자에게 다양한 정보를 제공한다.
- 학습자의 언어 수행에 내재한 취약한 부분을 알아내고 판별하는 데 도움을 주므로 한국어 기능이나 특정 영역에 대한 지도 목표의 설정에 중요한 자료와 정보를 제공한다.

(2) 학습자 선발
- 언어 평가의 현실적인 목적 중 하나는 당락을 결정하는 것이다.
- 어떤 집단 내에서 학습자가 앞으로 행하게 될 과제 수행 능력을 결정하거나 어떤 교육 프로그램에 학습자를 참여시킬 것인지 결정한다.
- 학습자와 관련된 인적 자원, 편의 시설, 자료 등을 가능한 한 효율적으로 이용하기 위해 실시한다.

(3) 학습자 배치
- 언어 평가를 통하여 개개의 수행 수준을 식별하고 그 학습자를 적절한 수준의 교육 프로그램에 배치하기 위해 사용한다.
- 언어 교육의 효율성과 효과 등에 영향을 줄 수 있다.

(4) 학습자 수업 성취도 확인 및 교육 프로그램의 평가
- 학생은 성취감을 느끼고 자신의 부족한 부분을 깨닫게 됨으로써 스스로를 독려하게 된다.
- 과정에 대한 평가는 언어 교육 프로그램의 효과에 대한 정보를 얻기 위해서도 사용된다.

2) 언어 평가의 내용
- 언어 학습의 목표는 발화 상황, 언어적 형태, 비언어적 행위 등을 통해 의사소통의 내용을 이해하고 표현하는 것이며, 이러한 언어 학습의 목표 달성을 위해 학습자가 자신의 의사, 느낌, 생각 등을 표현하는 데 얼마나 적절하게 효과적으로 언어를 사용할 수 있는가를 측정한다.
- Canale과 Swain(1980)에서는 의사소통 능력이 아래의 구성 요소로 이루어졌다고 보았다. 의사소통 능력 중심의 언어 평가에서는 아래의 요소를 평가한다.

Canale과 Swain(1980)의 의사소통능력에 따른 평가 요소

문법적 능력	문법, 어휘, 발음, 철자 등 언어 형식에 대한 지식과 이를 사용하는 능력
담화적 능력	문장들을 논리적이고 일관되게 연결하여 의미 있는 담화를 구성하는 능력
사회언어학적 능력	문화적 맥락, 화자의 관계, 말하는 목적 등을 고려하여 상황에 맞게 언어를 사용하는 능력
전략적 능력	의사소통 중 문제가 생겼을 때 이를 해결하는 능력

2 평가의 종류

1) 평가 목적에 따른 유형

(1) 배치평가

- 학습자가 가진 언어 능력의 수준을 측정하여 유사한 수준의 학습자끼리 적절한 반에 배치하기 위한 목적으로 실시한다.
- 일반적으로 언어 학습 프로그램을 시작하기 전에 시행되며, 특정한 언어 지식보다는 학습자의 전반적인 언어 사용 능력을 평가하는 데 중점을 둔다.

(2) 진단평가

- 주로 언어 학습의 초기 단계에서 이루어지며, 학습자가 주어진 언어 학습 목표를 성공적으로 달성하기 위해 갖추고 있어야 할 기초적인 언어 능력과 배경지식을 진단하기 위해 실시된다.
- 학습자의 어휘, 문법, 발음, 의사소통 능력, 동기, 학습 태도 등의 초기 상태를 파악함으로써 교수 방법을 조정하고 학습 효과를 높이는 데 중요한 정보를 제공하는 평가이다.

(3) 형성평가
- 언어 교수-학습 과정 중에 수시로 학습자의 언어 습득 정도를 점검하며, 향후 교수-학습 계획을 조정하기 위한 목적으로 실시된다.
- 교수-학습이 진행되는 동안 학습자에게 피드백을 제공하고 학습 진도를 점검하며, 평가 결과를 바탕으로 교육 과정을 수정하거나 교수법을 개선하는 것이 특징이다.
- 학습 중에 실시하는 소규모 시험, 퀴즈, 말하기 과제 등이 그 예이다.

(4) 총괄평가
- 언어 교수-학습 과정이 끝난 후 학습 목표의 달성 정도를 종합적으로 판단하기 위해 시행하는 평가이다.
- 언어 학습이 시작될 때 설정한 목표에 비추어 학습자가 목표를 어느 정도 성취했는지 확인하기 위해 실시된다.
- 기말고사, 학년말 시험 등이 이에 해당한다.

학습 단계별 평가의 종류

- 평가의 종류를 학습 단계에 따라 배열하면 다음과 같다.

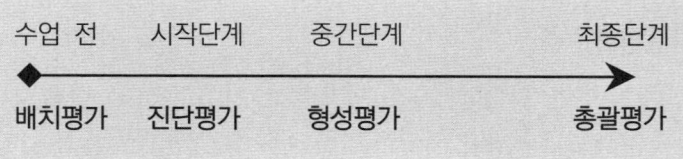

2) 평가 내용 따른 유형

(1) 성취도 평가
- 교육 과정에 의거하여 일정 기간 동안 일정한 내용을 가르친 다음 학생들이 학습 목표를 얼마나 잘 성취했는지를 측정하는 평가이다.
- 성취도 평가는 단위 수업 시간마다 성취해야 할 작은 단위의 목표들을 여러 개로 묶어서 평가하므로 상당 기간에 걸친 과거의 학습을 되돌아보고 점검하는 총괄 평가적 기능을 한다.

(2) 숙달도 평가
- 이전에 배운 교육과정이나 교과서의 내용과는 관계없이 한 사람이 현재 가지고 있는 전체적인 숙달도, 혹은 숙련도를 측정하는 평가이다.
- 숙달도 평가는 주로 선발이나 배치를 위해서 사용된다.

3) 평가 방법에 따른 유형

(1) 직접 평가와 간접 평가
- 직접 평가는 측정하고자 하는 평가 요소를 직접적으로 평가하는 방식이다. 언어 교육에서 이는 실제 의사소통 상황에서 학습자의 언어 사용 능력을 직접 측정하는 방법을 의미한다. 예를 들어, 말하기 능력을 평가하기 위해 인터뷰나 발표를 진행하게 하거나, 쓰기 능력을 측정하기 위해 글을 작성하도록 하는 시험 방식이 직접 평가의 예이다.
- 간접 평가는 학습자의 언어 수행 능력을 간접적으로 파악하거나 언어 지식을 간접적으로 평가하는 방식이다. 간접 평가를 활용하는 이유는 다양하겠지만, 주로 평가의 객관성과 편의성을 높이기 위해 시행하는 경우가 많다. 다지선다형 시험이나 빈칸 채우기 방식으로 어휘 및 문법 사용 능력을 측정하는 평가가 이에 해당된다.

(2) 분리 평가와 통합 평가
- 분리 평가는 언어 능력을 개별 요소로 나누어 각 항목에 대한 지식을 측정하는 방식이다. 언어 평가에서는 문법 구조, 어순, 음운 체계, 발음, 어휘, 맞춤법 등을 평가하는 방식이 이에 해당한다.
- 통합 평가는 언어 능력을 종합적으로 평가하는 방법으로, 상황에 맞게 언어를 이해하고 활용하는 능력, 즉 의사소통의 성공 여부를 측정하는 데 초점을 둔다. 예를 들어, 듣기 능력과 어휘 및 맞춤법 사용 능력을 동시에 평가할 수 있는 받아쓰기 시험이나, 듣기와 말하기 능력을 함께 평가하는 구두 시험 등이 통합 평가의 사례이다.

4) 채점 방식에 따른 유형

(1) 객관식 평가
- 객관식 평가는 채점을 위해 별도의 훈련이 필요하지 않으며, 채점 결과가 항상 일정하게 유지되는 평가 방식이다.
- 객관식 평가는 채점의 객관성을 유지할 수 있으며, 학습 내용을 폭넓게 평가할 수 있다는 장점이 있다. 그러나 학습이 단편적이고 수동적으로 이루어질 위험이 있다는 단점도 존재한다.
- 객관식 평가에는 단답형(短答型, short answer type), 진위형(眞僞型, true/false type), 선다형(選多型, multiple choice type), 배합형(配合型, matching type) 등이 있으며, 이 중 가장 대표적인 방식은 선다형 시험이다.

(2) 주관식 평가
- 주관식 평가는 평가자의 통찰력과 전문성을 바탕으로 주관적인 판단을 통해 채점이 이루어지는 방식이다.
- 주관식 평가의 대표적인 예로는 논술형 시험이 있으며, 장기적인

교육 효과를 고려했을 때 긍정적인 측면이 있다. 그러나 채점의 객관성을 유지하기 어렵고, 학습 내용을 포괄적으로 평가하는 데 한계가 있다는 점이 단점으로 지적된다.

5) 비교 대상에 따른 유형

(1) 상대 평가
- 학생들의 성취 수준을 평가 집단 내의 다른 학습자들과 비교하여 측정하는 평가 방식으로, 규준(規準) 지향 평가(Norm-referenced test)라고도 불린다.
- 상대평가는 주로 선발 시험의 목적에서 유용하게 활용될 수 있다.

(2) 절대 평가
- 학습 목표와 같은 절대적인 준거를 기준으로 학습자의 성취도를 측정하는 평가 방식으로, 준거(準據) 지향 평가(Criterion-referenced test)라고도 한다.
- 절대평가는 개별 학습자의 성취 수준을 확인하는 데 적합한 평가 방식이다.

3 좋은 평가 도구의 요건

- 평가가 정당성을 가지고 유용하게 쓰이려면 타당도와 신뢰도, 실용도를 갖추어야 한다.

1) 타당도(validity)
- 타당도는 평가자 또는 평가 도구가 측정하고자 하는 것을 얼마나 정확하고 적절하게 측정하는지에 대한 정도이다.
- 평가하고자 하는 영역을 올바르게 측정하기 위해서는 먼저, **평가**

문항이 교육 목표 및 내용과 일치하는지를 점검해야 한다. 예를 들어, 한국어로 물건을 구매하는 방법을 학습했다면, 물건의 가격, 크기, 색상, 개수 등과 관련된 어휘를 알고 있는지, 그리고 물건 값을 묻고 적절한 금액을 지불할 수 있는지를 평가하는 문항으로 구성해야 한다. 만약 평가 문항에 우체국 관련 어휘나 편지 보내는 방법이 포함된다면, 이는 적절한 평가 도구라고 보기 어렵다.

- 다음으로, 적합한 **평가 방식**을 선택해야 한다. 예를 들어, 문법 지식을 평가하는데 받아쓰기 시험을 실시하거나 말하기 능력을 측정하는데 작문 시험을 활용하는 것은 평가하고자 하는 내용을 적절하게 반영하는 방식이 아니다.

- 마지막으로, 교육 **내용의 범위**가 균형 있게 포함되었는지를 고려하여 평가 문항을 선정해야 한다. 예를 들어, 1~5단원을 평가하는 시험에서 1, 2 단원의 내용만 다룬다면, 해당 교육 과정을 전체적으로 평가하는 도구로서 타당도가 낮다고 할 수 있다.

2) 신뢰도(reliability)

- 신뢰도는 평가자나 평가 도구가 측정하려는 대상을 얼마나 안정적이고 일관되게 평가하는지를 나타내는 척도이다. 동일한 대상을 여러 번 평가했을 때 오차가 적고 일관된 결과가 나온다면 신뢰도가 높은 것으로 간주된다. 신뢰도를 향상시키기 위해서는 "테스트 신뢰도"와 "채점자 신뢰도"를 함께 고려해야 한다.

- **테스트 신뢰도**는 하나의 평가 도구를 여러 번 반복하여 실시했을 때 유사한 결과가 도출되는지를 의미한다. 이를 높이기 위해서는 먼저 교육 목표를 명확하게 분석한 후 평가 도구를 제작해야 하며, 시험 문항의 수가 많을수록 신뢰도가 높아지는 경향이 있다. 또한, 평가 문항이 교육 과정 전체를 충분히 반영하고 있는지 여부도 신뢰도에 영향을 미친다. 특히 외국인 학습자의 경우, 시험 형식이나 문제 유형에 익숙하지 않으면 평가 결과에 영향을

미칠 수 있다. 따라서 시험 전에 시험 형식 및 진행 방식에 대한 정보를 제공하고, 수업 중 다양한 문제 유형을 경험하고 연습할 수 있도록 하는 과정이 필요하다.
- **채점자 신뢰도**에서는 동일한 채점자가 시간 간격을 두고 채점을 했을 때 같은 결과가 나오는가(채점자 내 신뢰도)와 하나의 답안을 서로 다른 채점자가 채점했을 때 동일한 점수가 부여되는지(채점자 간 신뢰도)를 고려해야 한다. 채점자 신뢰도를 높이기 위해서는 주관식 문항에 대해 채점 기준을 가능한 한 세부적으로 설정하고, 채점자 교육을 실시하여 채점자가 객관성을 유지할 수 있도록 해야 한다. 또한, 채점자 간 의견 차이를 최소화하는 것도 중요하다.

3) 실용도(practicability)

- 실용도는 평가 도구를 활용하는 데 필요한 비용, 시간, 노력 등의 요소를 고려하는 개념으로, 경제성과 관련이 있다. 아무리 우수한 평가 도구라 하더라도 비용과 시간이 지나치게 많이 소요된다면 현실적으로 활용하기 어려울 수 있다. 예를 들어, 한국어 말하기 능력을 평가하기 위해 평가자가 비행기를 타고 해외로 나가 직접 면담을 진행해야 한다면, 해당 평가가 아무리 타당도와 신뢰도가 높더라도 실용성은 떨어질 수밖에 없다.
- 따라서 평가 도구를 개발할 때에는 최소한의 비용, 노력, 시간을 들여 최대한 평가 목표를 달성할 수 있도록 설계해야 한다. 즉, 평가 및 채점이 용이하고, 평가에 소요되는 시간과 노력이 적으며, 평가 결과를 해석하는 과정이 간단하여 실질적으로 활용할 수 있어야 한다.

> **더 알아보기**
>
> **객관식 평가와 주관식 평가의 장단점**
>
> - 객관식 평가는 타당도가 낮을 수 있지만 신뢰도와 실용도가 높은 평가 도구이고, 주관식 평가는 타당도는 높지만 채점 과정에서의 신뢰도와 실용도가 낮을 수 있다.
> - 학생 수가 적을 경우에는 객관식 문항 여러 개를 제작하는 것보다도 인터뷰나 작문이 문항 제작과 채점 과정에서 더욱 경제적일 수도 있다. 따라서 학습자와 평가자의 규모와 예산, 시간, 평가 목표 등을 전반적으로 고려하여 평가를 실시해야 한다.

4 평가의 계획과 실행[22]

1) 평가의 계획

- 한국어 평가가 성공적으로 시행되기 위해서는 평가의 목적에 맞게 계획되어야 한다. 평가는 교수·학습 이후에만 시행되는 교육과정의 마지막 단계로 생각하기 쉽지만, 수업 설계 시작 시점부터 한국어 교육과정과 긴밀하게 연계되어야 한다. 학습자의 특성과 교사의 편의성을 고려하여 적합한 평가 방식을 계획하는 것이 중요하다.

(1) 학습자 요인과 특성을 분석하여 평가 계획 수립

- 학습자의 언어와 문화적 배경의 차이를 고려하여 평가 계획을 수립한다.
- 학습자의 한국어 학습 배경, 사용 능력, 대면/비대면 수업 방식, 학습자 수, 교실 구조 및 환경, 교수·학습 기자재와 자료 등의 환경 요인을 고려한다.
- 학습자의 흥미를 지속시키고 동기를 강화할 수 있는 평가 방식을 계획한다.

---

[22] 문화체육관광부고시 제2020-54호, 한국어표준교육과정, 22-29쪽 참조.

- 학습자의 요구나 특성에 맞춰 학습자별로 차별화된 평가를 진행할 수 있다.

(2) 교수·학습 내용 및 평가의 목표에 맞게 평가 계획 수립
- 한국어 교육과정과 연계하여 학습자의 성취 수준을 파악할 수 있도록 평가 계획을 수립한다.
- 학습의 과정과 결과를 모두 평가할 수 있도록 계획한다.
- 평가 목표에 맞게 듣기, 말하기, 읽기, 쓰기 각 언어기술의 분리 평가 또는 언어기술 통합 평가를 계획한다.
- 타당도, 신뢰도, 유용도, 실제성을 고려하여 평가 계획을 수립한다.

2) 평가의 실행 및 활용

- 평가를 실행할 때는 한국어 교육과정의 등급별 목표를 중심으로 평가한다. 결과 중심의 일회성 평가를 지양하고, 필요한 내용을 과정 중심으로 평가하며 일관성을 유지해 신뢰성 있는 평가가 되도록 한다. 평가가 학습자의 진단을 넘어 한국어 학습 동기를 높일 수 있도록 계획하고 운영해야 한다.

(1) 타당하고 신뢰할 수 있는 평가 방법 사용
- 듣기, 말하기, 읽기, 쓰기 언어기술의 개별 평가와 통합 평가를 통해 실제 언어생활을 반영한 평가를 실행한다.
- 어휘와 문법 등 언어지식을 분리하여 평가할 때는 필요에 따라 정확성을 확인한다.
- 형성평가와 총괄평가를 상황에 맞게 실행한다.
- 직접 평가와 간접 평가 방식을 적절히 활용한다.
- 지필평가, 구술평가, 관찰평가, 포트폴리오 평가 등 다양한 평가 방식을 활용한다.

- 평가 초안을 작성하고 검토, 수정 과정을 거쳐 평가를 제작한다.
- 평가 시행 전에 명확한 평가 기준을 설정하고 이를 학습자와 공유한다.

(2) 한국어 학습 동기를 높일 수 있는 평가 운영
- 학습자의 한국어 사용 목적과 환경을 고려하여 평가를 구성한다.
- 평가를 통해 한국어 학습 동기를 부여할 수 있도록 한다.
- 학습자의 언어권, 연령대, 문화적 배경을 고려하여 평가를 구성한다.
- 역할극, 소집단 프로젝트 등 상호작용에 적합한 평가 방식을 활용한다.
- 학습자 스스로 자신의 수준을 점검하는 자기 평가, 동료와 서로 평가하는 동료 평가 방식을 적절히 활용한다.

(3) 평가 결과를 효율적으로 활용
- 평가 결과를 교수·학습 개선을 위해 활용한다.
- 학습자가 자신의 강점과 약점을 명확히 알 수 있도록 개인차를 고려하여 평가 결과를 해석하며, 학습자에게 이해하기 쉽게 피드백을 제공한다.
- 학습자가 평가 결과를 자기 평가 자료로 활용할 수 있게 지도한다.
- 평가 결과를 차후 평가 계획에 반영한다.

5 언어 기술별 평가 방법

1) 말하기 평가
- 말하기 평가는 한국어 의사소통 능력을 진단하기에 가장 적절한

언어기술이므로 직접 평가, 수행 평가로 시행한다.
- 말하기 평가에서는 한국어 담화 공동체의 언어 습관에 맞는 말하기 방식을 평가할 수 있어야 하며, 등급별 목표와 성격에 맞게 대화와 독백의 형식의 과제를 다양하게 포함해야 한다.
- 또한 담화 참여자와의 관계, 격식성과 공식성의 정도 등 사회적 맥락을 적절히 다루어야 한다. 평가 후에는 한국어 의사소통 능력 향상을 위해 학습자에게 평가 결과에 대한 피드백을 구체적으로 제공한다.

2) 쓰기 평가

- 쓰기 평가는 직접 평가, 과정 중심 평가로 운용하여 학습자의 실제 쓰기 수행 능력을 평가한다.
- 평가 후에는 반드시 평가 결과에 대해 학습자에게 피드백을 제공해야 한다. 피드백을 제공할 때에는 글의 내용, 과제의 수행, 구성에 대한 피드백을 주어 학습자가 문법 오류에만 집중하지 않고 전체적인 의미에 집중할 수 있도록 한다.
- 평가 후에 피드백을 제공할 때에는 학습자가 피드백의 내용을 참고하여 스스로 자신의 글을 고쳐 다시 써 보면서 문제점을 개선할 수 있도록 돕는다.

3) 듣기 평가

- 듣기 평가는 직접 평가, 수행 평가가 어려운 측면이 있으나 가급적 선다형 평가를 지양하고 학습자의 직접적인 듣기 수행 능력을 평가해야 한다.
- 말하기와 통합하여 평가를 하는 것도 대안이 될 수 있으며 듣기만 분리하여 평가하는 경우에도 지엽적인 정보 파악과 같은 미시적인

평가에만 집중할 것이 아니라, 중심 내용 찾기, 화자의 의도 파악하기 등 듣기의 목적에 맞게 평가할 수 있도록 구성한다. 또한 등급별 목적과 텍스트 유형에 맞는 듣기 활동이 일어날 수 있도록 평가를 구성한다.

4) 읽기 평가

- 읽기 평가는 읽기의 등급별 목표에 맞는 주제와 기능의 텍스트를 선정하여 평가를 구성한다.
- 짧은 평가용 텍스트를 읽고 답하는 전통적 방식의 평가에 머무르지 않고, 등급에 따라서는 확장적 읽기, 전략을 사용한 상세화된 텍스트 읽기 등의 평가 유형도 포함하도록 한다. 또한 이해 처리 과정을 고려하여 상향식, 하향식 읽기 능력을 고르게 평가할 수 있는 평가를 구성한다.

6 한국어 능력 평가 기준

- 한국어 능력을 평가할 때는 나름의 기준을 가지고 평가하게 된다. 한국어 교육 기관의 교육 과정과 목표, 그리고 각 단계에서 가르치는 내용과 기능 등을 바탕으로 하여 적절한 평가 기준을 마련하고 평가 문항을 개발하면 된다.
- 가장 대표적인 평가 기준은 TOPIK(Test Of Proficiency in Korean) 한국어능력시험의 기준이다. 이 평가 기준은 한국어 교육 기관의 목표 설정과 교육 과정 설계에도 보편적으로 활용되고 있다.

한국어능력시험(TOPIK) 등급별 평가 기준[23]

등급		평가 기준
토픽 I	1급	• 자기 소개하기, 물건 사기, 음식 주문하기 등 생존에 필요한 기초적인 언어 기능을 수행할 수 있으며 자기 자신, 가족, 취미, 날씨 등 매우 사적이고 친숙한 화제에 관련된 내용을 이해하고 표현할 수 있다. • 약 800개의 기초 어휘와 기본 문법에 대한 이해를 바탕으로 간단한 문장을 생성할 수 있다. 또한 간단한 생활문과 실용문을 이해하고, 구성할 수 있다.
	2급	• 전화하기, 부탁하기 등의 일상생활에 필요한 기능과 우체국, 은행 등의 공공시설 이용에 필요한 기능을 수행할 수 있다. • 약 1,500~2,000개의 어휘를 이용하여 사적이고 친숙한 화제에 관해 문단 단위로 이해하고 사용할 수 있다. • 공식적 상황과 비공식적 상황에서의 언어를 구분해 사용할 수 있다.
토픽 II	3급	• 일상생활을 영위하는 데 별 어려움을 느끼지 않으며 다양한 공공시설의 이용과 사회적 관계 유지에 필요한 기초적 언어 기능을 수행할 수 있다. • 친숙하고 구체적인 소재는 물론, 자신에게 친숙한 사회적 소재를 문단 단위로 표현하거나 이해할 수 있다. • 문어와 구어의 기본적인 특성을 구분해서 이해하고 사용할 수 있다.
	4급	• 공공시설 이용과 사회적 관계 유지에 필요한 언어 기능을 수행할 수 있으며, 일반적인 업무 수행에 필요한 기능을 어느 정도 수행할 수 있다. 또한 뉴스, 신문 기사 중 비교적 평이한 내용을 이해할 수 있다. 일반적인 사회적·추상적 소재를 비교적 정확하고 유창하게 이해하고 사용할 수 있다. • 자주 사용되는 관용적 표현과 대표적인 한국 문화에 대한 이해를 바탕으로 사회·문화적인 내용을 이해하고 사용할 수 있다.
	5급	• 전문 분야에서의 연구나 업무 수행에 필요한 언어 기능을 어느 정도 수행할 수 있으며 정치, 경제, 사회, 문화 전반에 걸쳐 친숙하지 않은 소재에 관해서도 이해하고 사용할 수 있다. • 공식적·비공식적 맥락과 구어적·문어적 맥락에 따라 언어를 적절히 구분해 사용할 수 있다.
	6급	• 전문 분야에서의 연구나 업무 수행에 필요한 언어 기능을 비교적 정확하고 유창하게 수행할 수 있으며 정치, 경제, 사회, 문화 전반에 걸쳐 친숙하지 않은 주제에 관해서도 이해하고 사용할 수 있다. • 원어민 화자의 수준에는 이르지 못하나 기능 수행이나 의미 표현에는 어려움을 겪지 않는다.

---

[23] 토픽한국어능력시험 홈페이지(https://www.topik.go.kr) 참조.

7 TOPIK 한국어능력시험(Test Of Proficiency in Korean)[24] 소개

- 한국어능력시험의 평가 방법과 문항들은 각 기관에서 배치고사나 진단 평가로 활용할 수 있으며 각 기관의 특성에 맞추어 평가 문항을 개발하는 데에 참고할 수 있다.

1) 시험 개요
- TOPIK 한국어능력시험은 한국어 능력 평가로서 가장 대표적인 시험이다.
- 1997년에 최초로 실시된 이후, 현재는 말하기, 듣기, 읽기, 쓰기 영역의 평가로 자리잡았으며 한국어 기초 능력을 평가하는 초급 수준의 시험(TOPIK I)과 외국인의 대학 입학, 또는 기업의 입사 기준 등으로 활용하는 중고급 수준의 시험(TOPIK II)로 구성되어 있다. 말하기 시험은 초급부터 고급까지를 한 번에 평가하는 시험으로, 별도로 진행된다.

2) 시험 목적
- 한국어를 모국어로 하지 않는 재외동포 · 외국인의 한국어 학습 방향 제시 및 한국어 보급 확대
- 한국어 사용 능력을 측정 · 평가하여 그 결과를 국내 대학 유학 및 취업 등에 활용

3) 응시 대상
- 한국어를 모국어로 하지 않는 재외동포 및 외국인으로서
  - 한국어 학습자 및 국내 대학 유학 희망자
  - 국내외 한국 기업체 및 공공기관 취업 희망자
  - 외국 학교에 재학 중이거나 졸업한 재외국민

---

[24] 토픽한국어능력시험 홈페이지(http://www.topik.go.kr/) 참조.

4) 주요 활용처

- 외국인 및 재외동포의 국내 대학(원) 입학 및 졸업
- 국내/외 기업체 및 공공기관 취업
- 영주권/취업 등 체류비자 취득
- 정부초청 외국인 장학생 프로그램 진학 및 학사관리
- 국외 대학의 한국어 관련 학과 학점 및 졸업 요건

5) 시험 구성

시험 수준	교시	영역(시간)	유형	문항수	배점	총점
TOPIK I	1교시	듣기(40분)	선택형 (사지선다형)	30	100	200
		읽기(60분)	선택형 (사지선다형)	40	100	
TOPIK II	1교시	듣기(60분)	선택형 (사지선다형)	50	100	300
		쓰기(50분)	서답형 (단답형, 작문형)	4	100	
	2교시	읽기(70분)	선택형 (사지선다형)	50	100	
TOPIK 말하기 평가	1교시	30분	구술형	6	200	200

6) 등급별 점수

시험 종류	등급	점수	총점	시험 종류	등급	점수	총점
TOPIK I	1급	80~139	200	TOPIK 말하기 평가	1급	20~49	200
	2급	140~200			2급	50~89	
TOPIK II	3급	120~149	300		3급	90~109	
	4급	150~189			4급	110~129	
	5급	190~229			5급	130~159	
	6급	230~300			6급	160~200	

7) 영역별 문항 유형 및 예시

- 언어 기능별로 문항의 유형과 예시를 살펴보기로 한다. 토픽 한국어 능력시험은 문제은행식으로 출제되므로 일부 회차의 문제만 공개되고 있다. 공개된 기출문제는 토픽 한국어능력시험 홈페이지에서 확인 가능하다.

(1) 듣기 영역 문항 예시

① 의미 및 정보 파악 능력 평가하기

가. 내용과 같은 것 고르기

※ 다음을 듣고 들은 내용과 같은 것을 고르십시오.

여자: 와, 10년 만에 와 보니까 여기 많이 변했다.
남자: 응. 내가 알던 곳이 아닌 것 같아. 길도 넓어지고 가게도 많아지고.
여자: 그러네. 어, 그런데 저기 인주서점은 아직도 그대로 있어.
남자: 정말이네. 우리 학교 다닐 때 전공 책 사러 자주 갔었잖아.

① 길이 예전에 비해 좁아졌다.
② 여자는 이곳에 처음 와 봤다.
③ 남자는 인주서점에 간 적이 없다.
④ 인주서점은 지금까지 같은 자리에 있다.

[출처] 제91회 TOPIK 한국어능력시험 II, 13번

나. 중심 생각 파악하기

※ 다음을 듣고 남자의 중심 생각으로 가장 알맞은 것을 고르십시오.

남자: 피곤한데 오늘 저녁은 밖에서 먹고 들어가요.
여자: 그냥 집에 가서 먹어요. 식사 준비하는 데 얼마 안 걸리잖아요.
남자: 피곤해서 집에 갈 힘도 없어요. 이럴 땐 그냥 밖에서 사 먹어요.

① 저녁 식사를 미리 준비해 두어야 한다.
② 음식을 한꺼번에 많이 먹지 않는 것이 좋다.
③ 건강을 위해서 식사는 규칙적으로 해야 한다.
④ 피곤할 때는 저녁을 밖에서 사 먹는 것이 좋다.

[출처] 제91회 TOPIK 한국어능력시험 II, 17번

② 반응 능력 평가하기
가. 인사말에 대한 반응 능력 평가하기

※ 다음을 듣고 이어지는 말을 고르십시오.

남자: 많이 드세요.
여자: _____

① 고맙습니다.   ② 반갑습니다.
③ 실례합니다.   ④ 환영합니다.

[출처] 제91회 TOPIK 한국어능력시험 I, 5번

나. 의문문에 대한 반응

※ 다음 대화를 듣고 물음에 맞는 대답을 고르십시오.

남자: 지금 무엇을 마셔요?
여자: _____

① 매일 마셔요.   ② 제가 마셔요.
③ 우유를 마셔요.   ④ 집에서 마셔요.

[출처] 제91회 TOPIK 한국어능력시험 1, 3번

다. 대화에서의 반응

※ 다음 대화를 잘 듣고 이어질 수 있는 말을 고르십시오.

남자: 어제 요가 학원에 왜 안 나왔어?
여자: 할머니 생신이라 부모님하고 할머니 댁에 갔다 왔어.
남자: _____

① 그래? 안 나와서 걱정했어.
② 무슨 학원에 다니고 있어?
③ 그래? 할머니 댁에 언제 가?
④ 부모님과 함께 가기로 했거든.

[출처] 제91회 TOPIK 한국어능력시험 II, 4번

③ 추론 및 종합능력 파악하기
  가. 담화 장소 추론하기

※ 다음을 듣고 가장 알맞은 그림을 고르십시오.

  남자: 이것보다 작은 가방 있어요?
  여자: 네, 가게 안에 있어요. 들어와서 보세요.

①  ②
③  ④

[출처] 제91회 TOPIK 한국어능력시험 I, 15번

  나. 담화 참여자 추론하기

※ 다음을 듣고 물음에 답하십시오.

  여자: 지금 하시는 일이 보통의 라디오 방송과 준비 과정이 다르다고요?
  남자: 네. 저는 매일 오전 여섯 시부터 오후 두 시까지, 30분마다 교통 정보를 안내하고 있는데요. 도로에 설치된 여러 대의 CCTV와 시민들이 보낸 문자를 보고 교통 상황을 분석해 시민들에게 전달합니다.
  여자: 방송 중에도 도로 상황은 수시로 달라질 텐데요. 방송 내용을 미리 준비하기가 어려울 것 같습니다.
  남자: 네. 미리 원고를 작성하지만 하지만 실시간 교통 상황을 보며 원고에 없는 내용을 전달할 때가 많습니다. 그래서 긴장을 늦출 수 없죠.

① 도로를 정비하는 사람
② 교통 상황을 촬영하는 사람
③ 도로에 CCTV를 설치하는 사람
④ 방송에서 교통 상황을 알려 주는 사람

[출처] 제91회 TOPIK 한국어능력시험 II, 29번

다. 화자의 태도 추론하기

※ 다음을 듣고 물음에 답하십시오.

여자: (딩동댕) 주말에도 우리 마트를 찾아 주신 손님 여러분, 감사합니다. 신선한 채소, 맛있는 과일이 있는 인주마트입니다. 마트 이용 시간은 평일 오전 아홉 시부터 밤 아홉 시까지입니다. 주말에는 밤 열 시까지 이용할 수 있으니 편안하게 한 시간 더 쇼핑하십시오. 많은 이용 부탁드리겠습니다. 감사합니다. (딩동댕)

① 마트의 위치를 가르쳐 주려고
② 마트의 할인 상품을 소개하려고
③ 마트를 이용할 수 있는 시간을 안내하려고
④ 마트가 새로 문을 여는 것을 알려 주려고

[출처] 제91회 TOPIK 한국어능력시험 I, 25번

라. 이어질 행동 추론하기

※ 다음 대화를 듣고 여자가 이어서 할 행동으로 가장 알맞은 것을 고르십시오.

여자: 기차 탈 때까지 시간이 좀 남았네.
남자: 그러네. 저 카페에서 커피 한잔 마시자.
여자: 응. 난 기차에서 먹을 김밥 좀 사서 갈 테니까 먼저 들어가 있어.
남자: 알았어. 카페에 앉아 있을게.

① 김밥을 산다. ② 기차를 탄다.
③ 자리에 앉는다. ④ 카페로 들어간다.

[출처] 제91회 TOPIK 한국어능력시험 II, 9번

(2) 읽기 영역 문항 예시

① 어휘, 문법 능력 평가
 - 이야기나 문장을 이루는 기본 단위인 단어나 관용 표현의 의미를 정확히 이해하고 적절하게 사용할 수 있는지를 평가한다.

가. 알맞은 단어 넣기

※ ( )안에 들어갈 말로 알맞은 것을 고르십시오.

친구를 만납니다. ( )에서 야구를 합니다.

① 약국　　　② 공항　　　③ 도서관　　　④ 운동장

[출처] 제91회 TOPIK 한국어능력시험 1, 34번

나. 관용 표현 파악하기

※ 다음을 읽고 물음에 답하십시오.

최근 미술 전시회 수요가 증가하면서 돈벌이에 급급한 전시회가 늘고 있다. 일부 전시 관계자들이 전시 포스터 등 홍보 자료에 복제품 전시임을 밝히지 않고 입장료 수입만을 챙기는 것이다. 전시장을 찾아와서야 이런 사실을 알게 된 관람객들은 불만을 쏟아 내고 있다. 전문가들은 이런 전시 행태가 미술계 발전에 ( ) 수 있다고 우려한다. 전시회에 실망한 사람들이 미술에 대한 관심을 아예 끊을 수 있기 때문이다.

21. ( )에 들어갈 말로 가장 알맞은 것을 고르십시오.
① 입맛에 맞을
② 가슴을 울릴
③ 발목을 잡을
④ 손을 맞잡을

[출처] 91회 TOPIK 한국어능력시험 II, 21번

다. 문법적 의미 파악하기

※ 밑줄 친 부분과 의미가 가장 비슷한 것을 고르십시오.

어려운 이웃을 <u>돕고자</u> 매년 봉사 활동에 참여하고 있다.

① 돕기 위해서　　　② 돕는 대신에
③ 돕기 무섭게　　　④ 돕는 바람에

[출처] 91회 TOPIK 한국어능력시험 II, 3번

② 사실적 이해 능력 평가
- 글 속에 명시적으로 언급되어 있는 내용들을 사실 그대로 이해하거나 사실에 맞게 언어로 표현할 수 있는지를 평가한다.

가. 같은/다른 내용 찾기

※ 다음을 읽고 내용이 같은 것을 고르십시오.

저는 친구와 함께 삽니다. 우리는 집에서 한국 가수의 노래를 매일 듣습니다. 금요일에는 수업이 끝나고 같이 노래방에 갑니다.

① 친구는 저와 같이 삽니다.
② 저는 금요일에 수업이 없습니다.
③ 우리는 한국 노래를 가끔 듣습니다.
④ 친구는 금요일에 혼자 노래방에 갑니다.

[출처] 91회 TOPIK 한국어능력시험 I, 43번

나. 소재 파악하기

※ 무엇에 대한 내용입니까? 알맞은 것을 고르십시오.

사과가 있습니다. 수박은 없습니다.

① 시간　　② 과일　　③ 운동　　④ 가족

[출처] 91회 TOPIK 한국어능력시험 I, 31번

다. 중심 내용 파악하기

※ 다음을 읽고 중심 내용을 고르십시오.

저는 등산을 하러 제주도에 왔습니다. 그런데 오늘 비가 와서 등산을 못 했습니다. 내일은 꼭 산에 가고 싶습니다.

① 저는 제주도에서 등산할 겁니다.
② 저는 등산을 하는 것이 힘듭니다.
③ 저는 비가 오는 날을 좋아합니다.
④ 저는 제주도에 가서 살려고 합니다.

[출처] 91회 TOPIK 한국어능력시험 I, 46번

③ 구조적 이해 능력 평가
- 글의 구조를 이해하여 정보가 배열되어 있는 방식을 올바르게 파악할 수 있는지를 평가한다.

가. 접속어 고르기

※ 다음을 읽고 물음에 답하십시오.

한국대학교에서는 외국인 학생들에게 한복을 빌려주는 서비스를 시작했습니다. 요즘 외국인 학생들은 명절이나 학교에서 행사가 있을 때 한복을 자주 입기 때문입니다. 한복은 1층에 있는 사무실에서 빌릴 수 있습니다. 마음에 드는 한복을 고르고 이름과 전화번호를 써서 냅니다. (㉠) 3일 동안 무료로 한복을 빌릴 수 있습니다.

51. ㉠에 들어갈 말로 가장 알맞은 것을 고르십시오.
① 그러면
② 그래도
③ 그러나
④ 그렇지만

[출처] 91회 TOPIK 한국어능력시험 I, 51번

나. 문장 삽입하기

※ 주어진 문장이 들어갈 곳으로 가장 알맞은 것을 고르십시오.

그런데 심판이 아무리 좋은 위치 선정을 잘해도 필연적으로 선수의 몸에 가려서 볼 수 없는 사각지대가 생긴다.

스포츠 경기를 진행할 때 득점이나 반칙 등의 판정은 심판에 의해서 이루어진다. (㉠) 이렇게 눈에 보이지 않는 곳에서 벌어진 상황에 대해서는 심판도 정확한 판단을 하기 어렵다. (㉡) 비디오 판독은 이런 스포츠 경기에서 초고속 카메라를 판정의 근거로 사용하는 기술이다. (㉢) 이처럼 비디오 판독을 활용하면 심판이 판단하기 어려운 부분을 객관적으로 확인할 수 있어 판정에 대한 신뢰도를 높일 수 있다. (㉣)

① ㉠　　　② ㉡　　　③ ㉢　　　④ ㉣

[출처] 91회 TOPIK 한국어능력시험 II, 39번

④ 추론적 이해 능력 평가
- 글 속에 나타나 있는 정보를 근거로 해서 분명히 언급되지 않은 내용이나 제시된 정보 이상의 것을 추리해 낼 수 있는지를 평가한다.

가. 필자의 태도/심정 추론하기

※ 다음을 읽고 물음에 답하십시오.

꽃집을 지나다가 꽃밭에 이끌려 금잔화 꽃씨를 샀다. 화분에 심어 사무실의 내 책상 위에 두었더니 어느 날 싹이 났다. 때맞춰 물도 주며 나는 수시로 들여다보았다. 신기했다. 작고 여린 싹은 눈에 띄게 쑥쑥 자랐다. 그런데 내가 상상한 모습이 아니었다. 도대체 여기서 어떻게 꽃이 핀다는 건지. 무성하게 길쭉하게 위로만 자라는 것이었다. 하루는 슬쩍 보니 금잔화가 쓰러져 있었다. 그럼 그렇지. 내가 무슨 식물을 키우나. 그날 나는 화분을 창가로 옮겨 놓았다. 죽을 것 같은 모습은 눈앞에서 보고 싶지 않았다. 그런데 어느 날부턴가 점점 줄기가 굵어지더니 외려 제법 풍성해지기 시작했다. 어느 날에는 꽃망울도 올라와 있었다. 금잔화는 창문으로 들어오는 풍성한 햇볕 속에서 스스로 튼튼해졌다. 금잔화에게는 햇빛이 더 많이 필요했나 보다. 사람도 식물도 사랑하려면 그 대상을 제대로 알아야 하는 건 똑같구나 싶었다. 씩씩하게 꽃피운 금잔화의 꽃말은 '반드시 올 행복'이다.

23. 밑줄 친 부분에 나타난 '나'의 심정으로 가장 알맞은 것을 고르십시오.
① 의심스럽다.
② 고통스럽다.
③ 조심스럽다.
④ 부담스럽다.

[출처] 91회 TOPIK 한국어능력시험 II, 23번

나. 빈칸 내용 추론하기

※ (   )안에 들어갈 말로 알맞은 것을 고르십시오.

선글라스는 보통 햇빛이 강할 때 눈 건강을 위해 쓴다. 그런데 선글라스의 렌즈는 사용 기한이 있다. 선글라스의 렌즈에는 자외선 차단을 위한 얇은 막이 입혀져 있는데 열에 계속 노출되면 자외선 차단 기능이 점점 떨어지게 된다. 자외선 차단 기능이 약해진 선글라스로는 눈을 보호하기 어려우므로 5년 정도 쓰고 나면 (   ) 것이 좋다.

① 렌즈 바꿔 주는
② 렌즈를 꼼꼼히 잘 닦는
③ 렌즈의 색을 어둡게 하는
④ 렌즈의 얇은 막을 벗겨 내는

[출처] 91회 TOPIK 한국어능력시험 I, 46번

⑤ 논리적 이해 능력 평가
- 정확하고 타당한 진술을 하기 위해 갖추어야 할 일정한 언어적 조건이나 논리적 요건을 이해하고 구사할 수 있는지를 평가함. 문장이나 문단의 논리적 분석과 배치를 통해 확인함.

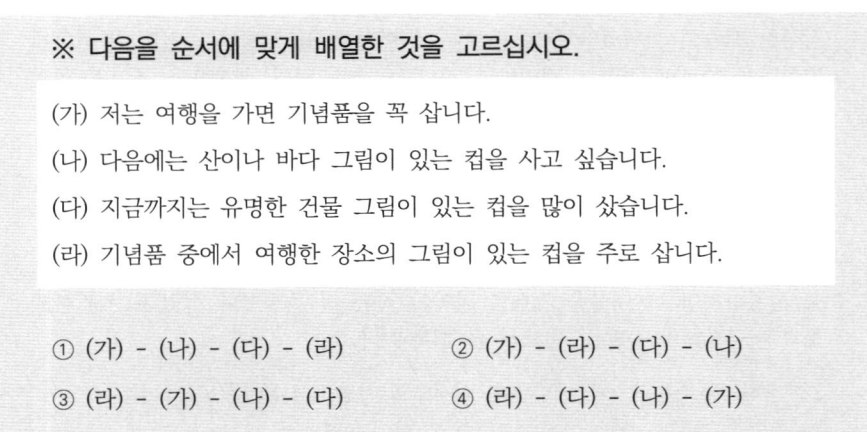

(3) 쓰기 영역 문항 예시
① 문맥에 맞는 단어 쓰기

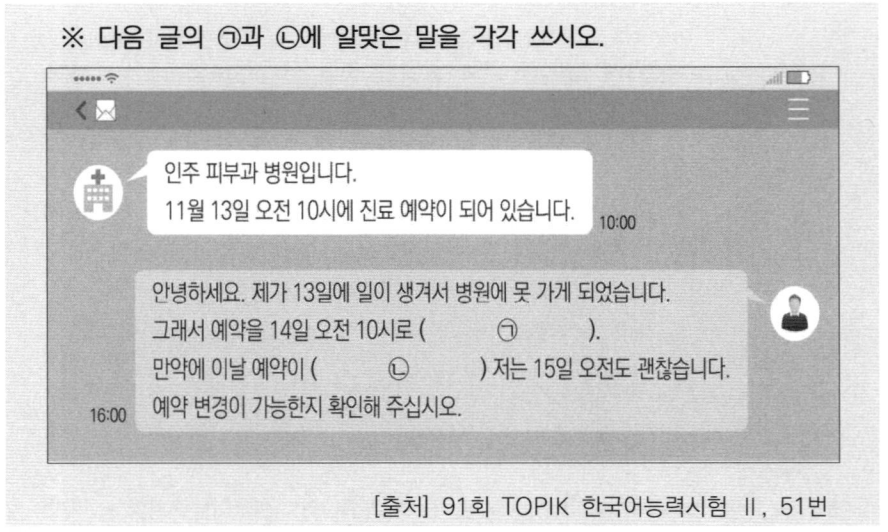

② 문맥에 맞는 표현 쓰기

※ 다음 글의 ㉠과 ㉡에 알맞은 말을 각각 쓰시오.

스트레스를 받았을 때 사탕이나 과자와 같이 단 음식을 먹으면 기분이 좋아진다. 단 음식으로 인해 뇌에서 기분을 좋게 만드는 호르몬이 나오기 때문이다. 그런데 전문가들은 사람들이 술이나 담배에 중독되는 것처럼 단맛에도 (㉠). 따라서 평소에 단 음식을 지나치게 많이 (㉡) 주의할 필요가 있다.

[출처] 91회 TOPIK 한국어능력시험 II, 52번

③ 도표를 보고 설명하기(200~300자)

※ 다음은 '편의점 매출액 변화'에 대한 자료이다. 이 내용을 200~300자의 글로 쓰시오. 단, 글의 제목은 쓰지 마시오.

[출처] 91회 TOPIK 한국어능력시험 II, 52번

④ 주어진 주제에 맞는 글쓰기(600~700자)

※ 다음을 참고하여 600~700자로 글을 쓰시오. 단, 문제를 그대로 옮겨 쓰지 마시오.

오늘날 우리는 정보 통신 기술의 발달로 누구나 쉽게 정보를 생산하고 대중에게 전달할 수 있다. 그런데 정보의 생산과 유통을 통해 개인과 집단이 이익을 얻을 수도 있게 되면서 사실과 다른 가짜 뉴스가 늘어나고 있다. 아래의 내용을 중심으로 '가짜 뉴스의 등장'이 사회에 미치는 영향에 대한 자신의 생각을 쓰라.
• 가짜 뉴스가 생겨나는 사회적 배경은 무엇인가?
• 가짜 뉴스로 인해 어떤 문제가 생길 수 있는가?
• 이런 문제들을 해결하기 위해서 어떤 방안이 필요한가?

[출처] 91회 TOPIK 한국어능력시험 II, 54번

(4) 말하기 영역 문항 예시[25]

① 질문에 대답하기
 - 일상생활에서 자주 만나게 되는 상황에서 간단한 질문을 듣고 적절하게 대답하는 **초급 수준의 문제**

어디에 여행을 가고 싶어요? 뭘 하고 싶어요? 하고 싶은 여행에 대해 이야기하세요.

② 그림 보고 역할 수행하기
 - 일상생활에서 자주 만나게 되는 상황에 대한 그림이 주어집니다. 그림을 보며 간단한 질문을 듣고 적절하게 역할을 수행하는 **초급 수준의 문제**

택시를 타고 있습니다. 택시 기사에게 내리고 싶은 곳을 이야기 하세요.
남자: 손님, 여기가 한국대학교 정문인데요. 여기서 내려 드릴까요?

③ 그림 보고 이야기하기
 - 친숙한 사회적 화제의 연속된 그림을 보고 그림 속 인물의 행동이나 상황 등을 묘사하고 제시된 그림의 순서에 따라 사건을 서술할 수 있는지를 평가하는 **중급 수준의 문제**

---

25) TOPIK 한국어능력시험 홈페이지 말하기 문항유형 및 학습방법
 https://www.topik.go.kr/HMENU0/HMENU00023.do

민수 씨가 춤 경연 대회에 참가했습니다. 민수 씨에게 무슨 일이 있었는지 이야기하세요.

④ 대화 완성하기
- 대화의 맥락에 맞게 상대의 말에 적절하게 대응할 수 있는지를 평가하는 **중급 수준의 문제**

두 사람이 인주숲에 놀이공원을 만드는 것에 대해 이야기하고 있습니다. 여자의 마지막 말을 듣고 남자가 할 말로 반대 의견을 말하십시오.

여자: 오다 보니까 숲에서 공사를 크게 하던데, 인주숲에 뭘 짓는 거예요?
남자: 놀이공원을 만든대요. 글쎄. 왜 숲에다가 그런 걸 짓는지 모르겠어요. 거기는 오래된 나무도 많고, 경치도 좋아서 사람들이 많이 찾는 곳인데….
여자: 전 인주숲에 놀이공원이 생기는 것도 좋은 것 같은데요. 인주시에는 여가 시설이 별로 없잖아요.

⑤ 자료 해석하기
- 경제, 과학, 대중매체, 문화, 예술, 정치, 환경 등 사회적 화제나 추상적 화제의 자료를 보고 해석하여, 비판적으로 자신의 의견을 진술할 수 있는가를 평가하는 **고급 수준의 문제**

※ 뉴스를 듣고 자료에 제시된 사회 현상을 설명하십시오. 그리고 그 현상의 이유와 전망에 대해 말하십시오.

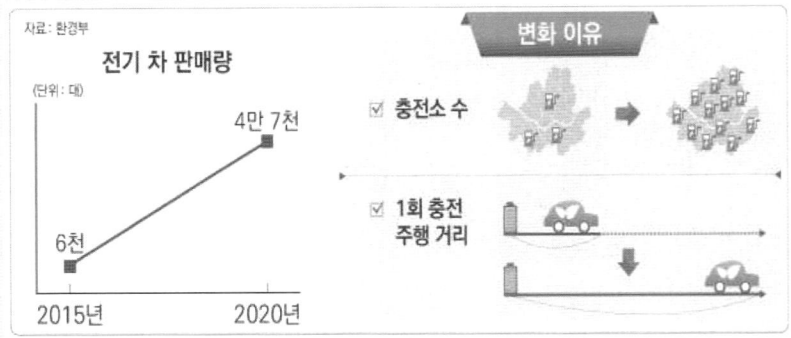

남자: 최근 환경에 대한 사람들의 인식이 높아지면서 전기 차에 대한 관심도 커지고 있습니다. 환경부 발표 자료를 통해 전기차 판매량이 얼마나 변화 했는지, 그리고 그 이유는 무엇인지 알아보았습니다.

⑥ 의견 제시하기
- 전문 분야나 추상적인 내용, 사회 문제 등에 대해 자신의 견해를 논리적으로 제시하거나 찬성 또는 반대 입장에서 자신의 견해를 제시하는 **고급 수준의 문제**

잘못에 대한 사과는 인간관계에서 발생한 갈등을 해결하는 중요한 실마리가 됩니다. 사과란 무엇입니까? 그리고 인간관계에서 사과는 왜 중요하고, 사과를 하는 올바른 태도는 무엇인지 자신의 생각을 말하십시오.

 더 알아보기

외국인 고용허가제 한국어능력시험(EPS-TOPIK)[26] 소개

1) 시험 개요
- 외국인고용허가제(Employment Permit System)의 시행에 따라 외국인의 한국 취업 희망자를 대상으로 하여 실시하는 한국어능력시험이다.
- 초급 수준의 한국어 능력을 평가하여 한국 생활에 적응할 능력을 갖추었는지를 측정 한다.

2) 시험의 목적

- 외국인 구직자의 한국어구사능력 및 한국사회에 대한 이해 정도를 평가하여 외국인 구직자 명부 작성시 객관적 선발기준으로 활용하고 한국에 대한 기본 이해를 갖춘 자의 입국을 유도하여 한국 생활에서의 적응력을 도모하기 위해 실시한다.

3) 시험 구성

구분	평가영역	문제유형	문항수	배점	시간
읽기	- 어휘 어법 - 시용 자료 정보 - 독해	사지선다형	20	50	25분
듣기	- 소리 표기 - 시각자료 - 대화나 이야기	사지선다형	20	50	25분
총계			40	100	50분

4) 평가 내용
- 한국의 일상생활에 필요한 기초적인 의사소통능력
- 산업현장에서 필요한 한국어 구사능력
- 한국 기업 문화에 대한 이해

5) 응시 자격
- 만 18세 이상 39세 이하일 것
- 금고 이상의 범죄경력이 없을 것
- 과거 대한민국에서 강제 퇴거, 출국된 경령이 없을 것
- 출국에 제한(결격사유)이 없을 것
- 비전문취업(E-9) 체류자격으로 대한민국에 5년 이상 체류하지 아니한 자
- 선원취업(E-10) 체류자격으로 대한민국에 5년 이상 체류하지 아니한 자
- 비전문취업(E-9)과 선원취업(E-10) 체류자격 기간을 합산하여 대한민국에 5년 이상 체류하지 아니한 자

6) 평가 방법 및 합격자 결정 기준
- 상대평가
- 합격자 결정 기준: 업종별 최저 하한 점수 이상 득점자로서, 선발(예정)인원 만큼 성적순으로 합격자 결정
- 최저 하한 점수
 ① 제조업 100점 만점에 55점
 ② 소수업종(건설업, 농축산업, 어업) 100점 만점에 45점
 ③ 어업특례 90점 만점에(Pass/Fail) 27점

내용 확인하기

1. (　　　　　　　) 평가는 이전에 배운 교육과정이나 교과서의 내용과는 관계없이 한 사람이 현재 가지고 있는 전체적인 숙련도를 측정하는 것이다.

2. 외국인의 한국어 능력을 평가하기 위해서 국립국제교육원에서 실시하는 한국어능력시험의 정확한 명칭은 무엇입니까?

> 정답
> 1. 숙달도
> 2. TOPIK 한국어능력시험

 더 생각해 보기

1. 한국어 학습자의 한국어 능력을 제대로 평가하기 위해 더 고려해야 할 점으로는 어떤 것이 있을까요?
2. 한국어능력시험 모의테스트를 해 본 후 시험 방식과 난이도 등에 대한 소감을 말해 보세요.

---

26) 고용허가제 한국어능력시험 홈페이지(https://epstopik.hrdkorea.or.kr) 참조.

참고문헌

강승혜(2020), 한국어 평가론, 태학사.

곽지영 외 (2019), 한국어교수법의 실제, 연세대학교 대학출판문화원.

김유정(2020), 언어평가와 한국어평가, 지식과교양.

문화체육관광부고시 제2020-54호(2020.11.27.), 한국어표준교육과정, 문화체육관광부 국립국어원.

허용 외(2015). 외국어로서의 한국어 교육학 개론, 박이정.

Canale, M. and Swain, M.(1980). Theoretical bases of communicative approaches to second language teaching and testing. Applied Linguistics, 1(1), 1-47.

EPS-한국어능력시험 홈페이지 https://epstopik.hrdkorea.or.kr

TOPIK 한국어능력시험 홈페이지 https://www.topik.go.kr

13. 한국어 교육의 역사와 정책

학습목표

1. 한국어 교육의 시대별 특징을 설명할 수 있다.
2. 현재 한국어 정책을 담당하는 정부 기관과 주요 정책을 말할 수 있다.

 생각해보기

1. 한국어 교육은 언제부터 시작되었을까요?
2. 현재 한국어 교육을 담당하는 정부 기관은 어디일까요?

13 한국어 교육의 역사와 정책

1. 한국어 교육의 역사

- 한국어 교육의 시대는 연구자에 따라 다양하게 구분되어 왔는데, 여기서는 한국어 교재, 정책, 교육 기관 등을 바탕으로 하여 다음과 같이 나눠서 살펴보고자 한다.[27]

  (1) 전통 교육기(고대~1860년대)
  (2) 근대 교육기(1870년대~1945년 광복 전)
  (3) 현대 교육기(1945년 광복 후~현재)
   ① 준비기(1945년 광복 후~1980년대)
   ② 발전기(1980년대~1990년대)
   ③ 성장기(1990년대~2005년)
   ④ 체계적 성장기(2005년~2019년)
   ⑤ 전환기(2020년 이후)

---
[27] 국제한국어교육학회 편(2008), 22~26쪽 참조.

1) 전통 교육기(고대~1860년대)
 : 역학 기관 중심의 한국어 교육
 - 중국 명나라의 회동관(會同館, 1492), 일본 쓰시마의 한어사(韓語司)와 같은 역학(譯學) 기관을 중심으로, 조선과의 외교적인 필요성에 의해 한국어 교육이 이루어졌다.

(1) 중국에서의 한국어 교육
 - '한(漢)대에는 '대홍려(大鴻臚)', 수(隋)·당(唐)·송(宋) 시대에는 '홍려시(鴻臚寺)'나 '사방관(四方館)', 원나라는 '회동관(會同館)'에서 외교 교섭과 접빈의 일을 담당했다. 특히 송나라 손목(孫穆)의 '계림유사(鷄林類事:1103)'에 고려 어휘가 나오는 것을 볼 수 있다.

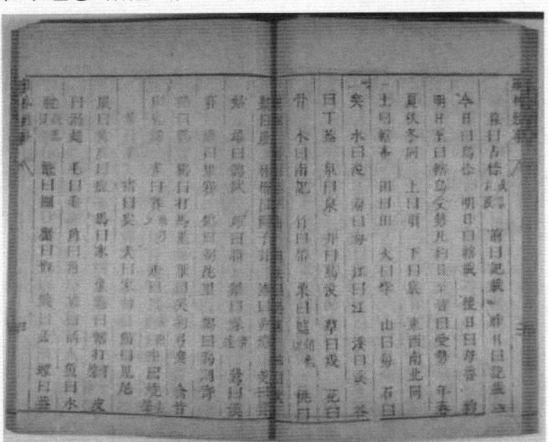

계림유사
- 송(宋)나라의 손목(孫穆)이 지은 백과서(百科書). 지은이가 고려 숙종(肅宗) 때 서장관(書狀官)으로 개성에 왔다가 당시(11~12세기) 고려인들이 사용하던 언어 353개를 추려 설명하였는데, 고려시대의 언어연구에 귀중한 자료로 활용된다.

[이미지 출처] 한국민족문화대백과사전 https://encykorea.aks.ac.kr/

 - 명(明) 시대에는 '사이관(四夷館)', '회동관(會同館)'에서 역관을 양성하였는데 회동관에는 조선관, 일본관 등 13관이 있었으며 여기에서 펴낸 '화이역어(華夷譯語)'의 처음에 조선어학습서인 '조선

관역어(朝鮮館譯語)'가 나온다.

> **조선관역어**
>
> - 『조선관역어』는 15세기 말경 회동관의 통사들이 사용한 한(漢)·한(韓)대역 어휘집이다. 외국 사신을 접대하는 중국 관청인 회동관에서 통역관의 교육을 위해 만든 조선어 교재이다. 중국어와 인근 국가 언어의 대역 어휘집인 세 종류 『화이역어』 중 병종(丙種)에 속해 있다. 『화이역어』의 각 항목은 중국어 의미와 음역의 2단으로 구성되어 있다. 당시의 한국 한자음을 추가한 3단 구성은 이 어휘집에서만 보이는 특징이다. 이 어휘집의 국어 표기는 고어의 모습을 잘 보여주어 역사 언어학적 가치가 크다.28)
> - 내용은 천문(天文)·지리(地理)·시령(時令)·화목(花木)·조수(鳥獸)·궁실(宮室)·기용(器用)·인물(人物)·인사(人事)·신체(身體)·의복(衣服)·성색(聲色)·진보(珍寶)·음찬(飮饌)·문사(文史)·수목(數目)·간지(干支)·괘명(卦名)·통용(通用) 등 19문(門)으로 분류되어 있는데 기재된 어휘는 596단어이다. 그 체재는 한 어휘가 3단으로 구분되어 첫 단에는 한자로 뜻을 표시하고 다음 단은 국어의 발음을 표기하고 끝단은 첫 단 한자의 중국음을 표기한 것이다.

(2) 일본에서의 한국어 교육

- 속일본기(續日本記)에서 8세기 중엽에 '미노(美濃)', '무사시(武蔵)' 양 지역의 소년 20명에게 신라어를 가르쳤다는 기록이 나오며 815년에는 대마도에 '신라역어(新羅譯語)'가 설치되었다.
- 1727년에 대마도 후추(府中)에 조선어 통역관 양성기관인 '한어사(韓語司)'가 설립되었고 한국어 교재 '교린수지(交隣須知)'가 만들어졌다.

> **교린수지**
>
> - 아메노모리 호슈(雨森芳洲, 1668-1755)가 편찬한 책으로 일본 에도시대부터 메이지시대에 걸쳐 일본에서 가장 널리 사용된 한국어 학습서이다. 전체는 67항목으로 구성되어 있으며, 각 항목별로 관련 한자 표제어 아래에 그 표제어를 한글로 설명하거나 그 용어가 들어가는 문장을 일본어와 한글로 나란히 기재하여 외국어 학습에 편리한 대역본의 형식을 취하고 있다.
> - 조선어와 일본어의 일대일 대응 형식과 편찬 시기별 다른 표기법 등으로 한일 근대어 비교 연구에 귀중한 자료가 된다.

---

28) 한국민족문화대백과사전 https://encykorea.aks.ac.kr/ 참조.

2) 근대 교육기(1870년대-1945년 광복 전)
: 서양인과 일본인 중심의 한국어 연구와 교육

(1) 서양인 중심의 한국어 교육
- 선교사, 신부, 외교관에 의한 한국어 연구와 한국어 교육으로 번역 성경, 한국어 교재, 문법서, 사전 등이 출판되었다.
- 영국 로스 선교사의 회화 교재 Corean Primer(1877), Korean Speech (1882), 한글 번역 성경(1881~1887), 푸칠로의 '러시아어-한국어 사전'(1874), 프랑스 리델 신부의 'Grammaire Coreenne' (1881:최초의 문법서), 스코트의 '언문말칙(1887)', 언더우드의 '한영문법'(1890) 핀란드 언어학자 람스테트의 'A Korean Grammar'(1939) 등이 쓰여졌다.

Grammaire Coreenne
- 1881년에 파리외방전교회 선교사들이 요코하마에서 출판한 한국어 문법서로, 한국어 문법 구조와 표현을 체계적으로 설명하고 있다. 프랑스어권 학습자를 대상으로 하며, 문장 구성, 동사 활용, 조사 사용법 등을 다룬다.
---

(2) 일본인에 의한 연구
- 일본에서는 황국사관의 침략 도구로 한국어 교육이 활용되었다.
- 문법서로 마에마(前間恭作)의 '한어통(韓語通, 1909)', 학습서로 호세코(寶迫繁勝)의 '한어입문(韓語入門, 1880)', '한일선린통어(韓日善隣通語, 1880)', 조선총독부의 '조선어법 및 회화(朝鮮語法及會話, 1917)가 출판되었다.
- 외무성에 '이즈하라 한어학소'가 설치(1872)되고 동경외국어학교에 조선어학과가 설치되었다(1880).

(3) 기타 국가의 한국어 교육
- 러시아 상트페테르부르크 왕립대학교에 한국어 강의가 시작되고 (1897), 블라디보스톡 원동대학(Ooriental Institute)에도 한국어

강의가 개설되었다(1899).
- 미국 컬럼비아대학에서 한국어 강의가 실시(1934)된 것을 비롯하여 재소, 재중, 재미, 재일 동포 사회의 한국어 교육이 시행되었다.

3) 현대 교육기(1945년~현재)
(1) 준비기 (1945년~1980년대)
- 한국인 주도의 한국어 교육이 시작된 시기이다.

① 국내
- 1959년에 국내 최초의 한국어 교육 기관인 연세어학당이 설립되어 선교사, 외교관, 기업인 대상의 한국어 교육을 실시하기 시작하였다.
- 1963년에는 서울대학교 어학연구소가 설립되어 재일동포 유학생 중심의 한국어 연수가 시작되었다.

② 해외
- 미국에서는 하와이대학교(1946), 미 육군 언어학교(1947), 하버드대학교(1952)에 한국어 강좌가 개설되었다.
- 중국에서는 북경대학교(1946), 대외경제무역대학교(1952), 낙양외국어대학교(1953), 대만 국립정치대학교(1956), 문화대학교(1963), 연변대학교(1972)에 조선어과가 만들어졌다.
- 일본에서는 천리대학교에 조선학회가 설립되고(1950), 오사카 외국어대학교(1965), 동경 외국어대학교(1977)에 조선어학과 설치되었다.

(2) 발전기(1980년대~1990년대)
- 한국의 경제 성장과 1986년 아시안게임, 1988년 서울올림픽의 성공으로 한국에 대한 관심이 늘면서 한국어 교육의 수요가 점차 증가하기 시작하였다.

① 국내
- 한국어 교육을 전문적으로 연구하는 학회가 설립되었다(이중언어학회:1983, 국제한국어교육학회:1985).
- 주요 대학을 중심으로 한국어 교육 기관이 만들어졌다(고려대학교:1986, 이화여자대학교:1988, 서강대학교:1990).

② 해외
- 미국에서는 브링엄영대학교(1983), UCLA(1986)에 한국어 과정이 신설되었다.
- 일본에서는 NHK 한국어 강좌(1984)가 개설되었고, 간다 외국어대학교(1987)에 한국어학과가 신설되었다.

(3) 성장기(1990년대~2005년)
- 1991년 소련의 해체로 인한 공산권 개방과 한류의 영향으로 유학생이 증가함께 따라 한국어 교육 기관이 급증하였다.

① 국내
- 한국어 교육이 독립된 학문 영역으로 자리잡아야 한다는 필요에 따라 한국어 교육이 학위과정으로 개설되었다. 연세대학교에서 1997년 대학원에 한국어 교육 과정을 개설한 데에 이어, 경희대학교(1999), 숙명여자대학교(2000), 이화여자대학교(2002), 배제대학교(2004) 등 주요 대학에 학부 과정으로 한국어교육학과가 설치되었다.
- 한국어세계화추진위원회(세종학당 전신)를 통해 정부 주도의 한국어 보급 사업이 시작되었고(1998~2000), 정부 부처 산하 기관으로 국제교류재단(1991), 재외동포재단(1997)과 한국어세계화재단(2001) 한국어 교육 관련 기관이 설립되었다.
- 한국어 국외 보급의 효율성을 향상시키기 위해 한국학술진흥재단 주관 하에 KPT(Korean Proficiency Test) 한국어능력시험

(1997)을 개발 및 시행하고 한국어세계화재단에서 한국어교육능력인증시험(2002)을 개발하였다.

 더 알아보기

TOPIK 한국어능력시험의 변천

- 1997년 한국학술진흥재단에서 KPT(Korean Proficiency Test)라는 이름으로, 초급(1, 2급), 중급(3, 4급), 고급(5, 6급) 세 종류의 시험을 개발하였다.
- 1999년 사업 주관 기관이 한국교육과정평가원으로 변경되었다.
- 2005년 시험명을 TOPIK(Test Of Proficiency In Korean)으로 변경하였다.
- 2011년 사업 주관 기관이 국립국제교육원으로 변경되었다.
- 2014년 TOPIK I(1, 2급), TOPIK II(3~6급)의 두 가지 시험으로 체제가 변경되었다.

② 해외
- 미국 SATⅡ 시험에서 한국어 과목을 선택과목으로 채택하였고(1997), 미국 하와이대학교 한국어교육연구센터에서 영어권 학생을 위한 20권 분량의 한국어 교재 시리즈와 문법 사전을 개발 및 출간하였다(1994~2002).
- 한류 열풍(겨울 연가:2002, 대장금:2003 등)으로 일본, 중국, 동남아 및 중앙아시아의 한국어 학습자가 대거 증가하였다.

(4) 체계적 성장기(2005년~2019)
- 국어기본법의 제정과 외국인고용허가제 실시로 인하여 한국어교육이 체계화, 다양화된 시기이다.

① 국내
- 외국인고용허가제(2004.8)의 제정으로 외국인 근로자의 입국 및

적응 과정에서 한국어 교육을 필수적으로 실시하도록 하였다. 2005년에 고용허가제 한국어능력시험(EPS-TOPIK)을 개발하여 국내 취업 목적 외국인들의 한국어 능력을 평가하도록 하였다 (2005년에는 한국어세계화재단에서 담당하다가 2008년에 산업인력공단으로 이관되었다).
- 국어기본법(2005.7) 시행령에서 한국어교원자격에 대한 규정이 법제화됨에 따라 한국어 교원 양성을 위한 교육 과정이 체계적으로 개발되었으며, 한국어 교원 양성을 위한 기관의 교육 과정과 과목 개설 과정이 및 자격증 취득 과정이 국립국어원을 통해 관리되도록 정비되었다.
- 한국어교육능력인증시험은 한국산업인력공단으로 주관이 변경되어 한국어교육능력검정시험이라는 이름으로 시행되었다(2005).
- 다문화 가정과 이주민에 대한 정부 지원이 증가되어 한국어 교육 지원 사업이 확대되었다(교육부, 문화체육관광부, 법무부, 여성가족부 등)
- 다양한 국적의 유학생이 증가하였고 한국어 교육 기관이 온/오프라인으로 확대되었다.

② 해외
- 동남아를 비롯한 유럽, 미주 지역으로 확대된 한류의 영향으로 해외에서도 한국어 교육에 대한 관심이 증가하여 한국어를 가르치는 대학 기관 및 사설 학원이 증가하였다.
- 세종학당재단(문화체육관광부 산하 기관으로 2012년에 출범)에서 운영하는 세종학당을 통해 해외 한국어 보급과 한국어 교사 파견이 체계적으로 이루어졌다.
- 한국문화원 및 한글학교를 정부에서 지원하여 재외 동포 대상 한국어 교육도 활성화되었다.

(5) 전환기(2020~)

- 유튜브와 넷플릭스 등 온라인 콘텐츠의 확산으로 한국어와 한국 문화에 대한 관심이 늘고 코로나 이후 온라인 방식으로 한국어 교육이 확산되는 시기이다.

① 국내
- 코로나19 이후 외국인 유학생과 한국어 연수생이 일시적으로 줄었으나 줌(ZOOM), 구글 미트와 같은 화상회의 시스템과 다양한 언어 교환 또는 언어 교육 애플리케이션이 개발되어 온라인 및 비대면의 교육 방식이 활발히 개발되었다.
- 세종학당재단에서는 2020년에 온라인 세종학당을 개설하여 한국어 콘텐츠를 온라인으로 제공하기 시작했으며 세종학당재단에서 새로운 세종한국어평가(SKA;Sejong Korean language Assessment)를 개발 및 시행하였다.(2022)
- 유튜브를 통해 누구나 한국어 교육 자료를 만들어서 올릴 수 있고 인스타그램이나 페이스북 등 SNS를 통해 교육 정보를 쉽게 주고 받을 수 있게 됨으로써 기관 중심의 한국어 교육이 개인 중심의 맞춤형 교육으로 전환되고 있다.

② 해외
- BTS로 대표되는 K-pop과 오징어 게임, 기생충 등의 한국 드라마 및 영화의 인기, 한식에 대한 관심 등이 넷플릭스로 대표되는 OTT와 유튜브를 통해 확산되면서 특정 국가나 지역에 국한되지 않고 전 세계적으로 한국 문화와 한국어에 대한 관심이 증가하고 있다.
- 한국 문화에 대한 관심을 바탕으로 유튜브나 OTT 콘텐츠를 활용하여 스스로 한국어를 배우는 학습자들이 증가하고 있다.

2. 한국어 교육 정책

- 정부 기관에서 한국어 교육과 관련하여 어떠한 정책을 마련하고 실시하고 있는지를 살펴보기로 한다.

1) 한국어 교육을 담당하는 정부 기관

(1) 교육부
- 유학생 유치, 재외 동포 중심 한국어 교육, 한국어능력시험 운영과 한국학 지원 사업을 담당한다.

① 국제한국어교육재단(구. 재외동포교육진흥재단)
- 재외동포의 교육 과정 개발과 재외동포의 모국 방문 연수 프로그램을 운영하고 재외 한국학교 교원 연수와 재외 동포 교육용 교재 개발 및 공급을 담당하고 있다. 인터넷을 통한 한국어 학습 지원 사업도 운영한다.

② 국립국제교육원
- TOPIK 한국어능력시험의 출제와 진행을 맡고 있으며, 외국인 유학생 유치 사업과, 해외 한국학 지원 사업을 담당한다.

(2) 문화체육관광부
- 한국어 교재 및 교육 자료 개발과 한국어 교원 양성 및 연수와 파견을 담당한다.

① 국립국어원
- 한국어 교재 개발 및 보급 사업을 담당하고 있으며 한국어교원 자격심사와 해외 한국어 교원 연수를 담당한다.

② 세종학당재단
- 해외 세종학당과 온라인 세종학당 운영, 그리고 누리 세종학당 사이트를 통해 한국어 학습자와 교원을 대상으로 한국어 교재 및 다양한 교육 자료를 제공한다.

(3) 외교부
- 국외 거주 동포 대상 한국어 교육과 한국학 진흥 및 해외 봉사단 운영을 담당한다.

① 재외동포협력센터(구. 재외동포재단)
- 한국어 및 한국 문화 학습 온라인 사이트를 운영하고 현지 한글학교 지원 사업을 운영한다. 또한 한국어 교사 국내 초청 연수와 사이버 연수를 통해 해외 한글학교 교사 재교육도 담당하고 있다.

② 한국국제교류재단
- 해외 한국학 진흥 사업과 한국어 보급을 위해 해외 대학원생 초청 및 국내 교수진 해외 파견 사업을 운영한다. 뿐만 아니라 문화예술 분야의 교류와 재외동포 단체 지원도 담당한다.

③ 한국국제협력단
- 개발도상국의 경제·사회 발전을 지원하기 위해 1991년에 설립된 한국 정부 기관으로 주로 KOICA(Korea International Cooperation Agency)로 불린다.
- 주로 교육, 의료, 농촌 개발, 인프라 개발 등의 협력사업을 수행하며 한국어 교육 분야의 봉사단 파견도 중요한 비중을 차지한다.

(4) 여성가족부
- 여성 결혼 이민자의 한국어 적응을 돕는 역할을 한다.

① 가족센터
- 전국 200여 개의 가족센터(구. 건강가정지원센터, 다문화가족지원센터)를 통해 결혼 이주 여성 대상 한국어 및 한국 문화 교육, 학부모 교육 등을 담당하고 다문화 가정 자녀를 위한 학습 도움 프로그램도 운영한다.

② 다문화가족지원포털 '다누리'
- '다누리' 홈페이지를 통해 이주 여성의 한국 생활 적응에 필요한 기본 정보와 다문화 관련 최신 정보(한국 정착 정보, 한국어 교육 정보, 취업 정보 등) 10여 개의 언어로 번역하여 제공한다.

(5) 고용노동부
- 외국인 근로자 대상 한국어 교육 지원을 담당한다.

① 산업인력공단
- 외국인 고용허가제 한국어능력시험(EPS-TOPIK)을 실시하고, 예비 한국어 교원을 위한 한국어교육능력검정시험 실시 업무를 담당한다.

② 외국인력지원센터
- 외국인 근로자의 한국어 및 문화 교육과 생활 지원을 담당한다.

(6) 법무부
- 외국인의 국내 입국과 귀화 과정에서 필요한 한국어 교육 및 평가, 다문화사회 전문가 양성을 담당한다.

① 사회통합프로그램(KIIP;Korea Immigration & integration program)
- 이민자의 국내 생활에 필요한 한국어, 경제, 사회, 법률 등 기본 소양을 체계적으로 습득할 수 있는 프로그램으로 이민자의 한국어 능력과 한국사회 이해 능력을 높이는 교육 과정을 운영한다.
- 전국에 거점대학을 선정하고 전문 한국어 교육 기관을 활용하여 한국어 및 한국 사회와 문화 관련 수업을 진행한다.

사회통합프로그램 단계별 과정 구성 및 이수 시간[29]

단계	한국어와 한국문화					한국사회이해	
	0단계	1단계	2단계	3단계	4단계	5단계	
과정	기초	초급1	초급2	중급1	중급2	기본	심화
총 교육 시간	15시간	100시간	100시간	100시간	100시간	70시간	30시간
평가	없음	1단계 평가	2단계 평가	3단계 평가	중간평가	영주용 종합평가	귀화용 종합평가
참고	• 5단계 심화과정은 기본과정 수료(수료인정 출석시간 수강) 후 참여 ※ 영주 신청자 대상 영주용 종합평가 합격자는 5단계 기본과정부터 수업에 참여하고 심화과정을 참여할 수 있다.						

② 이민자 조기적응프로그램
- 국내에 장기 체류할 목적으로 합법적으로 체류하고 있는 외국인(유학생, 결혼이민자, 중도입국청소년, 외국 국적 동포 등)을 대상으로 한국 사회에 적응하기 위해 필요한 생활 정보와 법 질서, 출입국 및 체류 관련 제도 등을 교육한다.(교육 시간: 3시간)

2) 각 정부기관별 한국어 교육 정책에 대한 결론

- 한국어 교육과 관계된 정부 기관이 10여 개에 이르는 것을 보면 한국 교육에 대한 정부의 관심이 매우 크다는 것을 알 수 있다.
- 각 기관마다 교육 대상과 특성을 가지고 있지만 중복된 사업도 있음을 알 수 있다.
- 따라서 각 기관의 역할과 범위에 대한 정리가 필요하고 유관 기관의 협력을 통해 각기 주력 사업에 집중하는 한편 중복 사업을 통합해서 관리하는 작업도 필요할 것이다.

---

[29] 사회통합정보망 홈페이지(www.socinet.go.kr) 참조.

한국어 교육 관련 정부기관 및 유관기관 홈페이지 정보[30]

국립국어원	국립국제교육원	국제한국어교육재단
http://www.korean.go.kr	http://www.niied.go.kr	http://www.ikef.kr

누리세종학당	다문화가족지원포털 다누리	사회통합정보망
http://nuri.iksi.or.kr	http://www.liveinkorea.kr	https://www.socinet.go.kr

산업인력공단 고용허가제 통합서비스	세종학당재단	외국인력상담센터
http://eps.hrdkorea.or.kr	http://www.ksif.or.kr	http://www.hugkorea.or.kr

재외동포협력센터 코리안넷	한국국제교류재단	한국국제협력단
http://www.korean.net	http://www.kf.or.kr	http://www.koica.go.kr

---

30) 기관명과 홈페이지 정보는 정부 정책의 변화나 각 기관의 사정에 따라 변경될 수 있음.

내용 확인하기

1. 다음 중 한국어 기본법의 제정과 외국인고용허가제의 시행으로 한국어 교육이 체계화, 다양화된 시기는 언제입니까?
   ① 1945년~1980년대
   ② 1980년대~1990년대
   ③ 1990년대~2005년
   ④ 2005년 이후~2019년

2. 법무부 산하에서 외국인의 국내 입국과 귀화 과정을 위해 실시하는 체계적인 한국 적응 프로그램을 무엇이라고 합니까?

> 정답
> 1. ④
> 2. 사회통합프로그램

 더 생각해 보기

1. 여러분은 국내외 외국인 대상 한국어 교육의 발전을 위해 가장 시급하고 중요한 국가적 정책은 무엇이라고 생각하십니까?
2. 한국어 교육이 발전하기 위해 국가적인 차원에서 지원해야 할 부분과 한국어 교사들이 노력해야 할 부분은 어떤 것이 있다고 생각하십니까?

참고문헌

강현화, 이미혜(2020), 한국어교육학개론, 한국방송통신대학교출판문화원.

국제한국어교육학회 편(2008), 한국어교육론 1, 한국문화사.

이응백 외(1998), 국어국문학자료사전, 한국사전연구사.

조항록(2023), 신 한국어교육정책론, 한글파크.

국립국어원 홈페이지 http://www.korean.go.kr

국립국제교육원 홈페이지 http://www.niied.go.kr/

국제한국어교육재단 홈페이지 http://www.ikef.kr

누리세종학당 홈페이지 http://nuri.iksi.or.kr

다문화가족지원포털 다누리 홈페이지 http://www.liveinkorea.kr

사회통합정보망 홈페이지 https://www.socinet.go.kr

산업인력공단 고용허가제 통합서비스 홈페이지 http://eps.hrdkorea.or.kr

세종학당재단 홈페이지 http://www.ksif.or.kr

외국인력상담센터 홈페이지 http://www.hugkorea.or.kr

재외동포협력센터 코리안넷 http://www.korean.net

한국국제교류재단 홈페이지 http://www.kf.or.kr

한국국제협력단 홈페이지 http://www.koica.go.kr

한국민족문화대백과사전 https://encykorea.aks.ac.kr/

한국어교육개론

1판 1쇄 발행 2024년 10월 1일

지은이 이은경
발행인 김용민
발행처 함께걷는사람들
출판등록 제2023-0000141호
디자인 Designed by YONG

주소 서울시 영등포구 도림로 141길 17, 8층 2호-114(문래동 2가, 자라타워)
E-MAIL walkingtogether777@gmail.com
페이스북 함걷사
인스타그램 함걷사

ISBN 979-11-983305-4-3 93710

무단 전재와 복제를 금합니다.
잘못되거나 파손된 책은 구매처에서 교환해 드립니다.
책 값은 뒤표지에 있습니다.